Yung Pueblo

Klarheit & Verbindung

Yung Pueblo

Klarheit & Verbindung

Poetry

Aus dem Amerikanischen von
Carla Hegerl

allegria

Inhalte

Selbsterkenntnis 9

Loslassen 57

die Liebe zwischen uns 101

Wachsen 157

ein neues Leben 197

alle Menschen
sind vereint durch
Geburt,
Leben,
Tod und
jedes Gefühl
dazwischen

dein Leben verändert sich am meisten, wenn du
in dich gehst.
du trittst ein und betrachtest deine Umwelt
mit Wohlwollen;
deine Liebe lässt dein Selbst erstrahlen:
du beginnst zu verstehen, dass die Vergangenheit
in deiner Seele, in deinem Herzen steckt –
mit Geduld, Ehrlichkeit und Aufmerksamkeit kann der
Heilungsprozess beginnen

durch Zeit, Hingabe und heilende Routinen
verliert die Vergangenheit ihre Macht über dein Leben.
du gehst weiter, trittst ein, fühlst,
verstehst und lässt los.
und dann beginnst du zu erkennen, wohin dieser Weg führt:
du hast dich verändert.
dein Geist wird leichter und bekommt eine neue,
schärfere *Klarheit*.
du beginnst, dich in deinem Leben und deinen Beziehungen
zu Hause zu fühlen, bereit für eine tiefere *Verbindung*.

Selbsterkenntnis

heile dich selbst, doch eile nicht
hilf den anderen, doch kenne deine Grenzen
liebe die anderen, doch lass nicht zu, dass sie dich verletzen
liebe dich selbst, doch sei nicht egoistisch
informiere dich, doch überfordere dich nicht
akzeptiere den Wandel, doch bleibe deinen Zielen treu

wenn du dich das nächste Mal aufgewühlt fühlst,
weil du in altbekannte Muster zurückfällst,
dann denk daran, dass es ein Zeichen von Fortschritt ist,
wenn dir bewusst ist,
dass du die Vergangenheit wiederholst

Selbsterkenntnis ist die Grundlage
deiner persönlichen Verwandlung

Selbsterkenntnis

es ist nicht einfach,

dich selbst zu heilen,
neue Muster zu erlernen
und die Wirklichkeit ohne Projektionen
oder Illusionen zu erkennen

diese Arbeit kostet Kraft

doch wenn du hartnäckig bleibst,
wirst du durch die Früchte deiner
Arbeit ein besseres Leben
führen konnen

Reife
ist zu wissen, dass
du deinem eigenen Bild
von dir selbst nicht trauen kannst,
wenn deine Stimmung im Keller ist

denke nicht, dass du vergessen musst,
um zu heilen

du hast es geschafft, wenn du
auf alte Trigger nicht mehr
so stark reagierst wie zuvor

die Erinnerungen sind noch da,
aber sie haben nicht mehr
die gleiche Macht über deinen Geist

jahrelang war ich mir nicht bewusst,
dass ich vor mir selbst wegrannte,
immer auf der Suche nach Gesellschaft und
Unterhaltung, um den dunklen Wolken
in meinem Inneren aus dem Weg zu gehen

ich nutzte jeden Moment, um mich abzulenken;
Freundschaften waren mir ein Mittel zur Flucht,
jede Freude linderte nur vorübergehend meinen Schmerz

ich bemerkte nicht, wie oberflächlich meine Beziehungen waren,
weil ich mich so weit von mir selbst entfernt hatte

ich verstand nicht, warum ich nicht allein sein konnte
und warum »Spaß« meine aufgewühlten Gefühle
immer nur kurzfristig beruhigte

viel zu lange war ich mir nicht bewusst,
dass ich das ängstliche Unwissen in meinem Inneren
erforschen, ihm entgegentreten musste,
um ein besseres Leben zu führen,
um tiefere Beziehungen aufzubauen
und um geistig endlich zur Ruhe zu kommen

du gehst an einen neuen Ort,
lernst neue Leute kennen und hast
trotzdem die ewig gleichen Probleme

um dein Leben wirklich zu ändern,
musst du nach Innen schauen,
dich selbst kennen und lieben lernen,
und das Trauma und die Spuren der
Vergangenheit in deiner Seele heilen

so gelangst du an die Wurzel
die innere Verwandlung zeigt
ihre Wirkung im Äußeren

ich litt ständig unter
meinen eigenen Erwartungen

ich schweifte ab
denkend, ohne zu fühlen
sprechend, ohne zu hören
interagierend, ohne zu begreifen

mein Lächeln war eine Fassade

mein Herz kämpfte mit Dankbarkeit

ich war niemals zufrieden,
sehnte mich immer nach dem, was direkt vor mir lag

weil meine Seele nach
immer mehr verlangte

wodurch das, was ich hatte,
nie so besonders war,
wie ich es mir ausgemalt hatte

(alle Verbindungen getrennt)

nach einer traumatischen Erfahrung
wechselte ich in den Überlebensmodus

ohne es zu merken, ertaubte ich

ertaubte gegenüber anderen Menschen
ertaubte gegenüber meiner inneren Unruhe
ertaubte gegenüber dem, was passiert war

ohne es zu merken, geriet ich in den Sog des Wollens

ich wollte Sicherheit
ich wollte Nahrung
ich wollte, dass der Schmerz aufhört

meine Reaktionen waren heftig und
alles, was nicht nach meinen Wünschen lief,
erschien mir als potenzielle Gefahr

ich versuchte, mein
zerbrechliches Selbst zu schützen,
und mir fehlte die Kraft, mich in
andere Menschen hineinzuversetzen

nur wegen meiner ständigen
Unzufriedenheit
und meiner Kräfte zehrenden
Unruhe
begann ich, mich selbst aus meiner
unnahbaren Lebensweise herauszuholen
und den ewigen Verteidigungsmodus
zu beenden

(vor dem Bewusstsein)

die Widerstände
in deinem Geist
werden so lange in deine
Beziehungen schwappen,

bis du deine emotionale Vergangenheit
verarbeitet hast und verstehst,
wie sie dein Ego, deine Wahrnehmung
und deine Reaktionen beeinflusst

mach, was für dich richtig ist.
mach es wieder und wieder.
lehne dich ins Licht.

mach weiter, selbst, wenn es hart ist.
besonders dann, wenn es hart ist.

lass dich nicht von Zweifeln aufhalten.
hab Vertrauen, auch wenn deine Stimmung am Boden ist.

Wachstum sei deine Mission.
Heilung sei dein Lohn.
Freiheit sei dein Ziel.

Selbstheilung ist für alle gut;
selbst diejenigen, die noch kein
Trauma durchleben mussten,
haben irgendwann in ihrem Leben
den Stich dunkler Gefühle gespürt

der Geist wird scharf getroffen in solchen Momenten,
die Wellen nach außen schlagen
und unser Denken, Fühlen und Handeln beeinflussen

doch wir können lernen, mit seelischer Aufruhr
und belastenden Erfahrungen umzugehen

wenn wir tiefer in uns hineinblicken,
können wir alte Verletzungen heilen
und Schmerzen lindern

wenn wir tiefer in uns hineinblicken,
erlangen wir den Mut, uns zu *entwickeln*

zu mehr geistiger Klarheit
zu mehr Glück
zu mehr Geduld
zu mehr Ehrlichkeit
zu mehr Liebe

basics für schwierige Zeiten:

Geduld Geduld
akzeptiere, was du fühlst
bestrafe dich nicht selbst
finde Zeit, um dich auszuruhen
begegne dir selbst mit Freundlichkeit
setze dir kleinere Ziele an diesem Tag
auch schwierige Zeiten gehen vorüber
mach Sachen, die deinen Geist beruhigen
ein schlechter Moment ist nicht gleich ein schlechtes Leben
solche Zeiten können Raum schaffen für tieferes Wachstum

bevor du jemand
anderen klar sehen kannst,
musst du dir erst bewusst sein,
dass dein Geist alles, was er sieht,
automatisch durch die Linse
deiner vergangenen Erfahrungen
und deiner gegenwärtigen Gefühle
filtern wird

manchmal lässt du dich auf den Liebeskummer ein,
weil klar ist, dass eure gemeinsame Zeit vorüber ist.
ihr habt für eine Weile perfekt zusammengepasst,
aber mit der Zeit beginnt ihr, euch voneinander zu
entfernen. es fällt euch immer schwerer, euch in der
Mitte zu treffen, und dein Herz fühlt sich nicht mehr
zu Hause. du hast alles versucht, bevor du »genug«
sagst und eine neue Richtung einschlägst. auch wenn
die Zukunft unsicher ist, ist dir klar, dass du allein
weiterziehen musst, um wachsen und frei sein zu können.

einen Moment innezuhalten,
um herauszufinden,
wie du dich wirklich fühlst,
anstatt alte Verhaltensmuster
für dich entscheiden zu lassen,
ist das *Authentischste,*
was du tun kannst

ich habe schon oft geglaubt, in einer anderen Person einen sicheren Hafen gefunden zu haben, und immer erwartet, er sei für die Ewigkeit. aber die Stürme kamen und gingen, und die Häfen zeigten ihre Schwächen und früher oder später zerbrachen sie. allein gelassen mit der Trauer und mit einem Gefühl der Leere, begriff ich durch diese schwierigen Neuanfänge, dass ich die Zuflucht, nach der ich immer gesucht hatte, finden kann, wenn ich in mir selbst, in meinem Bewusstsein und meiner Liebe, einen sicheren Hafen, einen Palast des Friedens einrichte.

manchmal beenden wir eine gute
Beziehung, weil uns das, was uns stört,
wegen unserer eigenen, unverarbeiteten
Probleme als schlimmer erscheint, als es ist.
manchmal zerstören wir ein Zuhause, weil wir
uns unserer eigenen Projektionen nicht bewusst
sind und etwas Gutes nicht zu schätzen wissen.

heile dich selbst,
nicht nur, damit du wachsen kannst,
sondern damit du den Menschen,
denen du in Zukunft begegnest,
kein Leid zufügst

es ist leichter gesagt als getan:

wenn unsere Wunden heilen, dann werden wir anderen seltener absichtlich oder unabsichtlich Leid zufügen. es gibt keine Perfektion auf zwischenmenschlicher Ebene. durch unsere unterschiedlichen Wahrnehmungen und wechselnden Gefühle entstehen manchmal Missverständnisse und Schmerzen, die wir nur lindern können, wenn wir mitfühlend miteinander umgehen.

oft geben wir unsere Unruhe an andere weiter, ohne zu verstehen, dass sie von Anfang an gar nicht zu uns gehörte. jemand hat sie an uns weitergereicht, genauso wie wir sie an die nächste Person weiterreichen und diese zur nächsten, bis sie schließlich bei jemandem landet, der weiß, wie man diese Kette zerbricht. je mehr von uns an sich arbeiten, desto mehr Punkte im gigantischen Netz der Menschheit verhindern, dass das Leid sich verbreitet.

die Selbsterkenntnis, die wir brauchen, um uns selbst und anderen keinen Schmerz mehr zuzufügen, liegt nicht nur darin, dass wir unsere inneren Mechanismen, unsere Traumata, unsere Projektionen und die Folgen unserer Reaktionen und Wahrnehmungen erkennen. sie liegt auch darin, dass wir uns die Zeit nehmen, zu begreifen, dass die Gesellschaft unsere Geister ohne unser Wissen prägt.

radikale Ehrlichkeit mit uns selbst ist der Anfang. sie hilft uns, Komplexe zu überwinden und zu begreifen, wie wir uns verbessern können. aber um an die Wurzel der Sache zu gehen, um noch tiefer in unser Unterbewusstsein einzutauchen, in dem viele unserer alten Muster liegen, müssen wir lernen, die Spuren der Vergangenheit zu verarbeiten. dafür müssen wir das Rad nicht neu erfinden. es gibt Techniken, die sich bewährt haben und Tausenden von Menschen helfen, wirkliche Fortschritte in ihrem Leben zu machen. wir müssen nur suchen und finden, was am besten zu uns passt, und uns dann auf die innere Reise begeben.

im Laufe einer tief greifenden Heilung
kann es passieren,
dass sich Energien aus der Vergangenheit
explosionsartig entladen

deine innere Unruhe ist am größten,
kurz bevor du in einen Zustand
tieferen Friedens übergehst

Menschen sind sich gleichzeitig unglaublich ähnlich und unähnlich. unsere Geister und Gefühle haben alle die gleiche Grundstruktur, aber wir sind unterschiedlich geprägt, weil keine zwei Menschen die exakt gleichen Erfahrungen machen. die Wendungen und Verwandlungen, die wir erleben, die Dinge, die wir verstehen oder missverstehen, alles, woran wir glauben, wie wir uns selbst und die Welt wahrnehmen, das Labyrinth an Mustern, das unser Verhalten beeinflusst, unsere Traumata – du kannst die Liste unendlich fortführen, denn jeder Mensch bringt seine eigene innere Welt und emotionale Geschichte mit sich.

weil wir alle so verschieden sind, muss etwas, das einer Person hilft, einer anderen nicht unbedingt auch helfen. was manchen schwer- oder leichtfällt, kann für jemand anderen genau richtig sein oder später im Leben passen. glücklicherweise leben wir in einer Zeit, in der Heilungsstrategien leicht zugänglich sind. wenn wir es nur wollen, dann finden wir da draußen etwas, das genau zu uns passt, etwas, das uns heraus-, aber nicht überfordert, etwas, das mit unserer Intuition harmoniert und das wir lernen und üben wollen. die Möglichkeiten sind schier endlos, von verschiedenen Formen der Meditation bis hin zu einer großen Vielfalt an therapeutischen Maßnahmen.

es geht nicht darum, heile Welt zu spielen,
wenn es dir eigentlich nicht gut geht;
akzeptiere die Gefühle, die hochkommen,
ohne dich unter Druck zu setzen.

Menschen, die ihre Fehler anerkennen und
keine Angst haben, sich zu entschuldigen,
kann man leichter vertrauen

sie zeigen damit, dass sie die Bescheidenheit
haben, die zum Wachsen nötig ist

ein Neuanfang beginnt mit Vergebung, und
Vertrauen entsteht dann, wenn veränderte
Verhaltensweisen zur neuen Gewohnheit werden

wir wussten nicht,
wie man einen Konflikt beilegt,
ohne ihn zu verschlimmern

obwohl wir uns nicht streiten wollten,
gerieten wir immer wieder in Konflikte,
weil Herzen häufig Streit suchen, wenn sie
von alten Schmerzen erfüllt sind

wir sagten Dinge, die wir nicht so meinten;
unsere Worte waren ein Spiegel des Feuers,
das entflammt, wenn keiner nachgeben will

wie viele Beziehungen wären
anders gelaufen, wenn sie
Harmonie in ihr nicht nur
als Paar, sondern auch als
Individuen gefunden hätten?

manchmal fragen wir uns, warum Veränderung
und Heilung so viel Zeit brauchen und warum
die gleichen schweren Gefühle immer wiederkehren.
wir merken nicht, wie viele Muster wir im Laufe
unseres Lebens angesammelt haben, besonders
in Momenten intensiver Gefühle. jahrelang wiederholte
Verhaltensweisen zu verändern und neue Antworten
auf unser Leben zu finden, braucht seine Zeit. wie oft
sind wir wütend, traurig, frustriert und ängstlich gewesen?
wir müssen diesen Kreislauf der Wiederholung erkennen
und lernen, geduldig zu sein und die Spuren unserer
Vergangenheit loszulassen.

eine der wichtigsten Eigenschaften, die man
im Leben entwickeln kann, ist Entschlossenheit.

irgendwann musst du mit der Faust auf
den Tisch hauen und sagen,

»ich werde diesen neuen Weg gehen,
und kein Mensch und keine Umstände
werden mich davon abhalten.«

jede Veränderung muss irgendwo beginnen.

ein echtes Gespräch
ohne Projektion
und Egoismus
ist ein besonderes Geschenk

die meisten sprechen nicht, um zuzuhören;
sie sprechen, um gehört zu werden

es braucht Selbsterkenntnis, Selbstlosigkeit
und ernst gemeintes Zuhören, damit ein
wirklich authentischer und ehrlicher
Austausch stattfinden kann

Missverständnisse und Konflikte entstehen, weil wir keine Brücke für Verständnis bauen. oft sehen wir in aufgeheizten Gesprächen nur noch unsere eigene Perspektive, unsere eigenen Gefühle und unser Ego. dadurch sind wir den Erfahrungen anderer Menschen gegenüber weniger mitfühlend und verhindern, dass mit dem Verständnis auch Harmonie entsteht. eines der größten Geschenke, das wir einander machen können, ist das *selbstlose Zuhören*, bei dem wir die Wahrheit unseres Gegenübers hören, ohne unsere eigenen Gefühle oder Geschichten darauf zu projizieren, und die Perspektive des anderen hören und annehmen.

in solchen Momenten sehen wir uns gegenseitig mit einer größeren Tiefe. hier haben wir nicht nur einen Austausch, sondern wir *schaffen Raum*, während jemand seine Wahrheit offenbart. bei dieser höheren Form des Zuhörens sind wir einem anderen Menschen ein mitfühlendes Publikum, ohne zu unterbrechen oder die eigene Perspektive hinzuzufügen. wenn wir Raum füreinander schaffen, werden Herzen sich öffnen, wird die Wahrheit sich enthüllen und alte Energien werden an die Oberfläche treten, um gesehen und nicht nur vom Sprecher, sondern auch vom Zuhörer aufgefangen zu werden. diese gemeinsame Wertschätzung der Wahrheit des jeweils anderen wirkt unglaublich heilsam.

ich habe Vertrauen und fühle mich zuhause in der Umgebung von Menschen, die keine Angst davor haben, verletzlich zu sein, die ein selbstbewusstes Leben voller Kraft und Güte führen, die versuchen, niemandem Leid zuzufügen, die das eigene Wachsen und Heilen ernst nehmen und die bescheiden genug sind, um zu sagen: »ich weiß es nicht«.

man muss nicht auf alles eine Antwort haben

das Mutigste, das du tun kannst,
ist, das Unbekannte
willkommen zu heißen,
deine Ängste zu akzeptieren
und weiterzumachen

eine klare Mission
hat nicht immer einen klaren Weg

wie viele Male hat
dein Geist sich an einem
kleinen Stück vager Information
aufgehangen und eine Geschichte darum
gesponnen, die dann an deinen Gedanken zehrte?

die Abwehrhaltung, die der Geist oft zum Selbstschutz einnimmt, führt schnell zu Ängstlichkeit. aus Vorsicht hängen wir uns an vagen Informationen auf und malen uns Geschichten aus, die uns unnötig Angst einflößen. wenn wir einen Moment innehalten, sobald wir bemerken, dass wir voreilige Schlüsse ziehen, ersparen wir uns viel Sorge und Schmerz.

durch Selbsterkenntnis können wir lernen, zu bemerken, wenn wir uns zu viele Gedanken machen. wenn wir unser Bewusstsein aus dem geistigen Durcheinander unserer wirren Gedanken zurück in die Gegenwart holen, dann bewahren wir unsere Energie und verringern innere Widerstände.

natürlich ist es vollkommen richtig, sich selbst zu schützen. doch wir sollten im Blick behalten, wie oft wir eine Abwehrhaltung einnehmen. solange wir uns im Verteidigungsmodus befinden, werden wir keinen inneren Frieden finden.

zu viele von uns lassen sich in neuen Situationen von alten Mustern leiten. diese voreiligen Reflexe entspringen aus früheren Erfahrungen; so ist es schwierig, die Gegenwart unvoreingenommen und objektiv zu betrachten. wenn du die Dinge klar sehen möchtest, dann nutze deine Selbsterkenntnis, um die Vergangenheit ganz bewusst beiseitezulegen und eine neue Perspektive einzunehmen. du musst deinen Fokus neu ausrichten, um deine Energie zu erhalten.

Selbsterkenntnis ist, den Rhythmus
deiner eigenen Gedanken zu kennen

zu fühlen, wenn sie aufklaren
und wenn sie aus dem Takt kommen

zu wissen, wann man sie ernst nehmen
und wann man sie loslassen muss

nicht jeder Gedanke ist wertvoll;
die meisten sind nur der Nachhall von
unbedachten, emotionalen Reflexen

wahre Reife ist, deine innere Unruhe
zu beobachten und innezuhalten, bevor
du deine Gefühle auf das projizierst,
was um dich herum geschieht

wenn du das Verhalten einer anderen Person nicht magst und du feindselige Gefühle hegst, dann ziehst du damit nicht nur dich selbst herunter; du wirst auch in Zukunft zu unbeherrschten Reaktionen neigen. Fortschritt ist, zu verstehen, dass du die Vergangenheit nicht ändern kannst, wenn du dich von solchen Gefühlen leiten lässt. du musst einen ruhigen Kopf bewahren.

manchmal musst du langsam vorwärts gehen,
damit deine Bewegungen umso kraftvoller werden

die heutige Welt dreht sich so schnell,
dass du kaum mit ihr Schritt halten kannst

wenn du nicht darauf achtest, was alle anderen tun,
und du dich in deiner natürlichen Geschwindigkeit
bewegst, wirst du bessere Entscheidungen treffen
und deinen inneren Frieden finden

frage dich selbst:

sind das wirklich meine Gefühle oder
ist das meine emotionale Geschichte,
die die Vergangenheit wiederholt?

wenn unsere Selbsterkenntnis an Tiefe gewinnt, beginnen wir zu verstehen, dass wir selbst und unser Erleben der Welt durch die Gesamtheit unserer vergangenen Gefühle und Erfahrungen geprägt ist. solch intensive Erfahrungen hinterlassen ihre Spuren im Unterbewusstsein und lassen uns bestimmte Verhaltensweisen wiederholen.

die Bewegungen des Geistes sind so schnell und fein, dass wir uns manchmal fühlen, als wären wir selbst für unser Schicksal verantwortlich. dabei ist es die Vergangenheit, die immer wieder in die Gegenwart einsickert und uns alte Gefühle und Gedanken wiederholen lässt. unsere geistige Vergangenheit ist so träge, dass wir kaum selbst entscheiden können, wie wir uns wirklich fühlen wollen. der Vergangenheit ist die Wirklichkeit gleichgültig.

Muster sammeln sich an, können aber genauso auch wieder verlernt werden. es ist möglich, loszulassen, aber es braucht dazu Mut, Ausdauer, Übung und wirksame Heilungsstrategien. der Geist ist unermesslich weit; das Verlernen alter Muster aus der Vergangenheit braucht seine Zeit. durch Selbsterkenntnis und einen ruhigen Geist treten die Erfahrungen und Muster aus der Vergangenheit an die Oberfläche unseres Unterbewusstseins und können verarbeitet werden.

auf unserer inneren Reise treffen wir vielleicht auf eine besonders harte Schicht unseres Geistes, in der sich unsere Erfahrungen dick abgelagert haben. wenn wir diesen harten inneren Schichten begegnen, dann hat das häufig Auswirkungen auf unsere Lebensführung, weil die Stürme von Gestern und die Schatten der Vergangenheit wieder hochkommen. oft befallen uns Unruhe und Kummer, wenn wir diese Erfahrungen zu verarbeiten versuchen. wenn wir wirklich wachsen wollen, dann müssen wir diese Momente erkennen und gut zu uns selbst sein, während der Sturm vorüberzieht.

um deine verborgenen Muster zu verstehen, musst du dich selbst erkennen. hinterfrage deine Wahrnehmungen, entwickle einen inneren Dialog voller Ehrlichkeit und Mitgefühl, erforsche deine wahren Ziele und habe die Bescheidenheit, zu wissen, dass es immer noch etwas zu lernen gibt. echte Veränderungen entstehen durch Selbsterkenntnis und Tatkraft.

Klugheit ist, zu akzeptieren, dass man
manche Dinge nicht erzwingen kann:

Menschen verändern sich, wenn sie dazu bereit sind

Kreativität hat ihren eigenen Rhythmus

Heilung kennt keine zeitlichen Grenzen

Liebe erblüht zum richtigen Zeitpunkt

Loslassen

Zeit heilt nicht alle Wunden; sie gibt ihnen nur
den Raum, im Unterbewusstsein zu versinken,
von wo aus sie deine Gefühle und dein Verhalten
weiter beeinflussen werden. Heilung ist, wenn du
in dich gehst, dich selbst liebst und akzeptierst,
auf deine Bedürfnisse achtest, deinen Abhängigkeiten
und deiner emotionalen Vergangenheit begegnest und
lernst, loszulassen und deiner Intuition zu folgen.

manchmal scheint die Zeit unsere Wunden geheilt zu haben, dabei hat sie uns nur gelehrt, mit ihnen zu leben. nur weil wir uns über vergangenes Leid nicht mehr den Kopf zerbrechen, heißt das nicht, dass wir es verarbeitet haben. das, was sich auf der Ebene des Bewusstseins abspielt, versickert mit der Zeit in den Tiefen des Geistes, wo es uns still und unbemerkt zu bestimmten Verhaltensweisen verleitet. unter unseren Gedanken liegt und wirkt das Leid von Gestern.

zur Heilung braucht es geduldiges In-Sich-Gehen, Ehrlichkeit und Mut. wenn wir die Muster, die in unserem Unterbewusstsein liegen, nicht verarbeiten, werden sie dortbleiben und unser Denken, Sprechen und Handeln für immer beeinflussen. die Gesamtheit unserer Wunden und Erfahrungen wird uns erstarren lassen und in der ewigen Schleife der Vergangenheit gefangen halten.

Liebeskummer ist nicht immer nur traurig; manchmal beginnt mit ihm eine tief greifende Verwandlung. durch ihn lernst du, dir selbst mit Liebe zu begegnen, du wirst emotional reifer und erkennst, was für ein Mensch dein Glück vergrößern könnte.

Loslassen bedeutet nicht, dass du aufgibst,
und es bedeutet nicht, dass dir alles egal ist.
es bedeutet nur, dass du dich von vergangenen
Abhängigkeiten befreist, die dein Glück und
deine geistige Klarheit vermindern. Loslassen
bedeutet, alte Verhaltensmuster zu verlernen,
die dir Stress und Sorgen bereiten. wenn du
damit klarkommst, dass die Dinge nicht so
laufen, wie du es gerne hättest, dann beginnt
das Leben von Neuem. wenn du Frieden mit der
Vergangenheit schließt, bist du offen für Liebe
und Abenteuer und kannst das Gelernte
in Ruhe zur Anwendung bringen.

viele von uns erkennen nicht,
wie viel wir wirklich leiden,
bevor unser Bewusstsein sich erweitert

wir begreifen nicht, dass unser Glück durch
das Leid und die Traumata, die wir immer wieder
verdrängen, begrenzt ist

wir erkennen nicht, dass unsere Reaktionen auf
die schwierigen Seiten des Lebens
uns daran hindern, die Dinge klar zu sehen
und kreative Lösungen zu finden

wir verstehen nicht, wie stark unsere
Vergangenheit die Gegenwart im Griff hat

viele unserer inneren Kämpfe entstehen, weil wir uns gegen Veränderungen wehren. es beruhigt, zu wissen, dass alles immer im Wandel ist: vom Atomaren über das Biologische bis hin zum Geistigen. ein Mensch als Ganzes ist immer in Bewegung, und unsere Identität ist keine Ausnahme. sie ist ein dynamisches Phänomen und ähnelt einem Fluss: sie fließt, bewegt sich, weitet sich aus, brodelt und schwappt mit voller Kraft. sie trägt den Wandel jederzeit in sich. setze dir selbst keine Grenzen durch ein starres Verständnis deiner selbst. geh über deine Grenzen hinweg und sei frei.

jedes Mal, wenn jemand dir mit
Vorurteilen begegnet, soll
eine neue Bescheidenheit und
Geduld in deinem Geist erwachsen
und dich davon abhalten, das Gleiche
in Zukunft jemand anderem anzutun.

frage dich selbst:

kann die Verbindung echt sein, wenn sie
keinen Raum für Verletzlichkeit lässt?

die Tiefe unserer Beziehungen ist dadurch bestimmt,
wie frei und authentisch wir kommunizieren können.
die stärksten Bindungen werden durch eine Brücke
der Ehrlichkeit gehalten. wahre Liebe schafft Raum für
Verletzlichkeit, einen Ort, an dem wir offen sein und auch
die rohen Seiten unserer Selbst zum Ausdruck
bringen können.

Verletzlichkeit erfordert, dass unsere Fehler urteilsfrei
akzeptiert werden, egal ob von uns selbst oder von
unseren Lieben. Mitgefühl kann uns dabei helfen,
unsere Vergangenheit in ein neues Licht zu rücken.
was uns einst eine Last war, weicht so einem tieferen
Verständnis. diese Form von Mitgefühl erlaubt es uns,
die Dinge so zu akzeptieren, wie sie sind. manchmal
möchte man in seiner Verletzlichkeit auch einfach nur
gesehen und gehört werden.

wenn wir weit von uns selbst entfernt sind, wenn wir
uns selbst gegenüber nicht ehrlich sind und wenn wir
von dunklen Gefühlen und Gedanken erfüllt sind,
wird es uns schwerfallen, anderen nah zu sein. es
fällt leichter, füreinander da zu sein, wenn wir uns
die Zeit nehmen, unsere innere Welt zu erforschen
und die unterbewussten Muster abzulegen, die uns
daran hindern, so miteinander umzugehen,
wie wir es gerne würden.

ist dir aufgefallen, dass du,
wenn du andere verändern möchtest,
in Wirklichkeit nur willst, dass sie
mehr sind wie du?

du kannst keine tiefe Verbindung mit einem Menschen
aufbauen, der keine Verbindung zu sich selbst hat.

wenn wir unsere Gefühle ignorieren und vor
den schwierigen Seiten unserer Selbst fortlaufen,
entfernen wir uns nicht nur von uns selbst, sondern
auch von unseren Mitmenschen. wenn wir uns selbst
nicht akzeptieren, wird unser Austausch mit anderen
oberflächlich bleiben. selbst wenn wir uns eine tiefe
Verbindung mit jemandem wünschen, wird diese
immer nur genauso tief sein wie unsere Beziehung
zu uns selbst. unser Bewusstsein wird sich dunkel
oder hell in allen Menschen widerspiegeln, die
uns begegnen.

wenn wir unseren Gefühlen gegenüber offen und mitfühlend
sind, wird es uns leichter fallen, in schwierigen Zeiten
für andere da zu sein. wenn wir unsere eigene Komplexität akzeptieren,
werden wir die Geduld haben, unsere Nächsten
besser kennenzulernen. wenn wir lernen, mit unseren
eigenen harten Wahrheiten umzugehen und in guten und
schlechten Zeiten für andere da zu sein, dann werden
wir die emotionale Kraft haben, klug mit den
Herausforderungen einer Beziehung umzugehen,
ohne gleich wegzurennen.

der einzige Weg zu einem Leben voller erfüllter, glücklicher und aufregender Beziehungen führt dich auf eine Reise in die Wirklichkeit deines eigenen Herzens und Geistes. Stellen, die du noch nicht erforscht hast, sind potenzielle Reibungspunkte in deinem eigenen Geist oder zwischen dir und deinen Lieben. alles Unerforschte kann den Fluss der Harmonie unterbrechen.

wenn wir lernen, mutig zu beobachten und ruhig zu bleiben, sobald wir angespannt sind und uns an den dunklen und ungeliebten Seiten unseres Selbst aufhängen, dann werden diese Reibungspunkte in uns und in unseren Beziehungen nicht zu Hindernissen, im Gegenteil: diese schwierigen Momente werden dann zu einem fruchtbaren Grund für tiefere Verbindungen und echte Hingabe. wenn wir uns die Mühe machen, uns selbst besser zu verstehen, dann werden wir auch andere besser verstehen. um ein gutes Leben zu führen, müssen wir lernen, uns selbst zu lieben.

wenn du ungeduldig bist, weil ein geliebter Mensch dir nicht schnell genug wächst, dann denke daran, dass auch deine Entwicklung ihre Zeit gebraucht hat. du bewahrst dir deinen inneren Frieden, wenn du deine Erwartungen zügelst und dir in Erinnerung rufst, dass alle Menschen in ihrem eigenen Tempo wachsen.

Abhängigkeit bedeutet nicht:

Wünsche, Ziele oder persönliche
Vorlieben zu haben

Abhängigkeit bedeutet:

dich zu ärgern, wenn du nicht genau das bekommst,
was du willst, und dich vor dem Wandel der Dinge
und dem Kontrollverlust zu fürchten

wenn dich ein Wunsch stresst, dann machst du dich abhängig. du bist abhängig, wenn du verlangst, dass alles nach deinen Wünschen läuft. die Begierde ist eine extreme Form des Wollens, die sich schnell auf verschiedene Gefühlszustände und die Gegenstände/ Situationen/Menschen richtet, die diese Gefühle hervorrufen. wenn du abhängig bist, dann versuchst du, den unvorhersehbaren und natürlichen Lauf der Dinge zu kontrollieren.

Buddha hat gelehrt, dass die Begierde süchtig macht. wenn wir uns zu stark von den Dingen, die wir verlangen, abhängig machen, dann ärgern wir uns, sind gestresst und unzufrieden, und wir verlernen, das, was um uns herum geschieht, klar zu sehen.

Wollen und Begierde sind nicht das Gleiche. Wollen ist ein natürliches Suchen, das unsere Energie fokussiert. Begierde kommt dann auf, wenn das Wollen sich vertieft und uns in innere Aufruhr versetzt. wir werden unruhig, wenn uns das, was wir begehren, verwehrt wird.

Begierde ruft Unruhe und Unzufriedenheit in uns hervor. selbst wenn wir die Wirklichkeit nach unseren Wünschen verbiegen, bleiben wir unzufrieden, denn die Begierde ist ein bodenloses Fass. und wenn das, was wir begehren, eintritt, wird der Geist das tun, was er am besten kann und nach immer mehr verlangen.

es gibt einen wichtigen Unterschied zwischen Abhängigkeit, Zielstrebigkeit und persönlichen Vorlieben. wir können unsere Ziele verfolgen, ohne abhängig oder süchtig zu werden. es ist gut und gesund, Ziele zu haben, doch wir sollten vernünftig bleiben und unser Glück nicht von zukünftigen Errungenschaften abhängig machen.

wir wissen, dass etwas eine Vorliebe oder ein einfacher Wunsch ist, wenn unser Glück nicht von dessen Erfüllung abhängt. wir wissen, dass etwas eine Vorliebe ist, wenn wir schmerzlos akzeptieren können, dass die Dinge anders laufen als erhofft; wir wissen, dass wir abhängig sind, wenn wir darunter leiden, dass wir das, was wir begehren, nicht bekommen.

manchmal kommt das Ende ganz plötzlich
und du kannst nicht abschließen, bist untröstlich
und auf eine so plötzliche Veränderung
nicht vorbereitet

eine Zeit lang ist dein Geist nur
halb anwesend und voller Kummer
und fragt sich, »was wäre, wenn?«

eine Zeit lang fühlt dein Herz nur
Trauer und dein Geist sieht nur Grau

und dann beginnt das Leben, dich
zurück in die Arena der Möglichkeiten zu rufen;
es erinnert dich daran, dass nicht alles verloren
ist und dass die Geschichte weitergeht,
auch wenn ein Kapitel zu Ende ging

mit Zeit und Hingabe
verlieren Wunden ihre Schärfe,
ist dein ganzes Selbst von Heilung durchdrungen
und du erweckst das Licht der Liebe in dir

mit der Zeit wirst du mit einem erfrischten Herzen
in die Gegenwart zurückkehren
und bereit sein, weiterzumachen

wie viele Male ist alles über dir
zusammengebrochen und hat in dir
das Gefühl hinterlassen, die Welt wäre zu Ende?

nun,
wie viele Male
bist du

nach der Trauer wieder aufgestanden,
hast die Kraft deiner Überzeugungen gespürt
und ein neues Leben begonnen?

alte Verhaltensmuster sind hartnäckig. sie werden versuchen, dich zu Handlungen zu verleiten, die die Vergangenheit wiederholen. doch mit der Zeit, wenn du sie für eine Weile unterdrückst und stetig an deiner Fähigkeit arbeitest, in dein Innerstes zu blicken, dann werden sie schwächer werden und schließlich verschwinden. gelegentlich werden sie sich dir wieder aufdrängen, doch nicht mehr mit derselben Macht wie zuvor. dann ist der Wendepunkt gekommen, die alles verändernde Verwandlung, der Fortschritt, auf den du gewartet hast, der Erfolg, mit dem du die Vergangenheit überwindest und ein neues Leben beginnst, in dem du reif dafür bist, ganz bewusst du selbst zu sein.

ich lerne, zu atmen
und meinen Geist
zu beruhigen, wenn er
nur noch Schwarz sieht

diesen flüchtigen Moment
zu akzeptieren,
ohne Verdrängung,
ohne Angst

zu verstehen, dass
die Wolken durch mich hindurch
ziehen und nicht bestimmen,
wer ich bin oder sein werde

schon immer wollte
mein Geist lernen,
wie man loslässt

ich begreife jetzt, dass ich ein Fluss bin,
immer im Wandel,
und in sanfter Bewegung
in Richtung Freiheit

sie fragten sie:

»was ist das wahre Glück?«

sie antwortete:

»Glück ist nicht die Erfüllung jedes Wunsches oder alles zu bekommen, was du verlangst. Glück ist die Fähigkeit, das Leben mit einem friedlichen Geist zu genießen, der nicht nach immer mehr verlangt. es ist die innere Ruhe, die du findest, sobald du den Wandel akzeptierst.«

(Sein)

oft wehren wir uns gegen unerwartete Veränderungen, obwohl wir unser Leben ändern wollen. das macht uns ständig traurig. ein abhängiger Geist will, dass alle seine Sehnsüchte erfüllt werden und möchte die Welt nach seinen Wünschen formen.

wenn wir von unseren Abhängigkeiten kontrolliert werden, verlieren wir nicht nur unsere innere Ruhe; wir verpassen die Chance, den natürlichen Fluss des Lebens zu genießen. tatsächlich existiert alles, was wir lieben und schätzen, nur durch diese beständige Bewegung. ohne Veränderung wäre das Leben gar nicht möglich.

wahres Glück ist, wenn wir uns selbst und die Welt lieben und Veränderungen akzeptieren und schätzen. das bedeutet nicht, dass wir wie ein Fels leben sollen, an dem der Fluss der Veränderungen einfach vorbeifließt. durch Liebe werden wir ganz automatisch so handeln, dass die Liebe in der Welt vermehrt wird. doch wir sollten klug sein und nicht erwarten, dass alles so bleibt, wie es ist, denn alles ist immer im Wandel.

wenn du deine Unzufriedenheit akzeptierst,
dann macht das die Sache
nicht automatisch besser,

aber es verhindert,
dass du in einer sowieso schon
schwierigen Situation noch mehr unter Druck gerätst

wenn du deine Unzufriedenheit akzeptierst,
dann hilft dir das, loszulassen

dunkle Gefühle und unruhige Gedanken verlieren ihre Macht über dein Leben, wenn du ihnen mit Leichtigkeit, Gelassenheit und einem ruhigen Geist begegnest. manchmal triggern unsere Erlebnisse negative Gefühle, die tief in uns schlummerten und auf einmal für einen Augenblick auftauchen, um gleich wieder zu verschwinden. wenn du loslassen willst, musst du fühlen, ohne solche Gefühle zu verstärken – du kannst dir selbst gegenüber ehrlich sein und ganz bewusst entscheiden, diesen Gefühlen nicht nachzugehen. wenn du den schwierigen Seiten deiner Selbst mit Sanftmut begegnest, werden sie wegschmelzen und es wird dir leichter fallen, klug zu handeln. dafür musst du nur akzeptieren, dass du manch schwierigen Moment durchstehen musst, um loslassen zu können.

denke nicht, dass dein Leben erst richtig losgeht, wenn du ganz geheilt bist; das wäre unnötiger Perfektionismus. Fortschritt ist, wenn du lernst, mitten im Leben bessere Entscheidungen zu treffen. du kannst die Wunden der Vergangenheit heilen und gleichzeitig offen sein für die Gegenwart.

wie viele Male konntest du
einen besonderen Moment nicht
genießen, weil du ständig an das
dachtest, was noch fehlt?

wenn du es nicht vermeiden kannst, in eine
unangenehme Situation zu geraten, dann ist
dein Geist deine wichtigste Energiequelle.
denke daran, dass früher oder später alles
vom Fluss der Dinge fortgeschwemmt wird,
anstatt deinen Frust zu vermehren und deine
geistigen Energien aufzubrauchen.

viele unserer emotionalen Reaktionen haben nichts mit dem zu tun, was gerade passiert. sie sind bestimmt durch Gefühle aus der Vergangenheit, die sich angestaut haben – Muster, die sich in bestimmten Situationen wiederholen.

der Geist will, dass die Welt seine Erfahrungen bestätigt.
wir nehmen die Gegenwart wahr, indem wir sie durch
die Linse der Vergangenheit filtern – dadurch entsteht
eine Wahrnehmungsschleife, in der alte Muster sich
wiederholen und verstärken. meist können wir unsere
Erlebnisse nicht klar einordnen, weil ihre Ähnlichkeit mit
vergangenen Erfahrungen Reaktionen triggert, die uns
nicht mehr klar denken lassen. daher spüren wir
die Spuren der Vergangenheit in der Gegenwart.

wenn deine Identität von traumatischen Erfahrungen
bestimmt ist, dann wirst du nur schwer Heilung finden.
die Geschichten, die dein Selbstbild bestimmen, brauchen
Raum, um sich zu verändern. es ist wichtig, dass du deine
Vergangenheit annimmst, um alte Muster zu überwinden.
ein flüssiges Verständnis deiner Selbst wird dir helfen,
dein Glück zu finden. alles ist ständig im Fluss,
besonders in deinem Inneren.

Erwartungen führen zu Leid. ständig malen wir uns aus, wie wir die Dinge und Menschen um uns herum gerne hätten. oft ist die Enttäuschung dann groß, weil die Geschichten, die wir uns ausdenken, unrealistisch sind und weil wir unsere Umwelt und die Zufälligkeit der Welt nicht kontrollieren können.

oft vergessen wir, dass alle Menschen vereint sind in ihrem Unwissen und dass es immer Raum gibt für Verbesserung. jeder und jede von uns ist von Erfahrungen gezeichnet, die unsere Wahrnehmung prägen. wir sollten unsere Zeit auf der Erde dafür nutzen, geistige Schranken, starre Erwartungen und Kontrollsüchte, die unserem Glück und unserer Freiheit im Weg stehen, zu überwinden.

wenn wir uns die Mühe machen, unsere innere Welt zu erforschen, wäre es unfair, wenn andere von uns oder wir von anderen erwarteten, perfekt zu sein. besonders weil »perfekt« oft bedeutet, dass unser Gegenüber jeden unserer Wünsche erfüllen soll. in einer Welt voller nicht perfekter Menschen braucht es Geduld und Vergebung.

es ist einfacher, über der Meinung
eines anderen zu stehen,

wenn du begreifst,
dass andere dich durch die Linse
ihrer vergangenen Erfahrungen und ihres
gegenwärtigen Gefühlszustandes hindurch sehen

ohne es zu merken,
sehen sie zuerst sich selbst.
durch die Linse erreicht sie
nur ein undeutliches Bild von dir

es wird Zeiten geben, in denen dir vieles,
das du verstanden hattest, wieder vollkommen
sinnlos erscheint.

es mag sich wie ein Rückschritt anfühlen,
doch in Wirklichkeit ist es ein Zeichen dafür,
dass sich neue Räume für klügere und
tiefere Eindrücke geöffnet haben.

wenn deine bisherigen Erkenntnisse sich auflösen,
dann werden sie nicht immer sofort durch ein besseres
oder tieferes Wissen ersetzt. wenn du wirklich
wachsen willst, dann wirst du dich oft in diesem
Zwischenzustand wiederfinden; du musst
nicht auf alles eine klare Antwort haben.

Erkenntnis lässt sich nicht erzwingen;
du musst sie organisch
wachsen lassen.

(Häutung und Wachstum)

wenn du deine Vergangenheit hinter dir lässt und deine Perspektive erweiterst, kann es passieren, dass manche Dinge dir keine Freude mehr bereiten und dass Situationen, die dich bisher unter Druck setzten, dir auf einmal nichts mehr ausmachen. wenn dein Geist klarer und leichter wird, sieht die Welt plötzlich ganz anders aus. Zeiten, in denen du dich sammelst, um dich selbst wieder kennenzulernen, sind genauso wichtig wie große Fortschritte.

die Welt ist voller kreiselnder Vibrationen und Energiewellen, die von allem Seienden ausgesendet werden. wenn wir unseren Geist gut behandeln, erstrahlen auch wir. wenn wir den Ablenkungen des Alltags widerstehen und hervorholen, was in uns steckt, dann ermächtigen wir uns selbst. denke daran, dass du am schnellsten eine Verbindung mit der Energie herstellst, die dir am vertrautesten ist. das, was du ausstrahlst, beeinflusst dein Umfeld.

du findest deine Kraft wieder,
indem du bemerkst, wenn dein
Geist von Vorurteilen erfüllt ist
und indem du dich selbst ganz
bewusst in die Gegenwart holst,
um die Illusion zu durchbrechen

es geht nicht darum, anders zu
fühlen; es geht darum, anders auf
deine Gefühle zu reagieren

in unseren Reflexen zeigt sich, welche Erfahrungen aus der Vergangenheit unser Geist verinnerlicht hat. es sind Verhaltensmuster, die aus den Tiefen des Unterbewusstseins auftauchen, um uns zu schützen. doch dieser Schutz setzt nicht auf Klugheit, sondern auf Überlebensinstinkte. wenn wir uns selbst erkennen, begreifen wir, dass es in schwierigen Zeiten andere, bessere Auswege gibt, als Muster zu wiederholen, die uns nicht weiterbringen und uns unserer Klarheit und Ruhe berauben.

wir versuchen nicht, unsere Gefühle zu kontrollieren oder zu beherrschen. wir versuchen, unsere Launen zu akzeptieren, während unser Geist sich durch die ganze Bandbreite der Gefühle bewegt, von einem zum nächsten, sich bei einem länger aufhält als bei dem anderen und so die Gesamtheit menschlicher Erfahrung durchstreift.

unsere Reaktionen auf starke Gefühle sind schnell und unbewusst. doch unsere Reflexe verstärken nicht nur unsere Gefühle; sie sammeln sich an, prägen sich im Unterbewusstsein ein und werden auch unser zukünftiges Handeln beeinflussen.

um deine Reaktionen zu kontrollieren, musst du nicht deine Gefühle beherrschen, sondern bewusst fühlen. solange du dich selbst nicht siehst, wird sich nichts verändern. das Licht der Erkenntnis wird dir besonders in den Momenten helfen, in denen deine emotionalen Reaktionen dich aus deinem inneren Gleichgewicht bringen. unser Bewusstsein bringt Licht ins Dunkel und hilft uns, neue Wege zu finden.

wenn wir uns bewusst machen, dass Gefühle wie alles andere in diesem Universum endlich sind, wird es uns leichter fallen, neben dem Fluss des menschlichen Geistes zu stehen und die Dinge beim Vorbeifließen zu beobachten. durch Selbsterkenntnis lernen wir, in schwierigen Situationen bewusst zu reagieren, um nicht alles noch schlimmer zu machen. Selbsterkenntnis hilft dir dabei, Entscheidungen zu treffen, die sich von denen aus deiner Vergangenheit unterscheiden.

in deiner ersten Reaktion zeigt sich,
wie deine Vergangenheit die Gegenwart beeinflusst

wisse, was du brauchst, um Energie zu tanken:

Alleinsein, das dich erfrischt

Aktivitäten, die deine Kreativität fördern

Menschen, die deinen Geist zum Leuchten bringen

die Liebe zwischen uns

drei Gedanken:

Beziehungen beginnen normalerweise mit zwei
Menschen, die das Beste füreinander wollen.
Leid entsteht, wenn sie ihre emotionalen Reaktionen
nicht beherrschen können. wenn du denkst, dass du
mit deinen Gefühlen *identisch bist*, dann werden deine
Worte und Taten deine innere Unruhe widerspiegeln.

in Beziehungen ist es wichtig, zu verstehen, dass die
andere Person deine emotionalen Probleme nicht
lösen kann. im besten Fall unterstützt sie dich bei der
Verarbeitung deiner emotionalen Vergangenheit.

so etwas wie eine perfekte Beziehung gibt es nicht,
doch in manchen Beziehungen ist die Verbindung
so unglaublich tief, dass beide immer bedingungslos
füreinander da sind.

manchmal muss dein Herz ein paar Mal gebrochen werden, damit du lernst, unabhängig zu sein. durch Liebeskummer erfährst du, dass dein Selbstwert und dein ganzes Selbst nicht von den Worten anderer abhängig sein dürfen. nutze den Schmerz wie eine Karte, die in dein Inneres führt, um Heilung zu finden und dich selbst lieben zu lernen.

denke nicht, dass du erst dann eine liebevolle Beziehung mit einem tollen Partner eingehen kannst, wenn du vollkommen geheilt bist. es ist normal, dass wir mit vielen unbewältigten Problemen zueinanderfinden, weil Heilung ihre Zeit braucht. Paare, die in Harmonie miteinander leben, gehen den Weg der Heilung und des Wachstums gemeinsam.

lebendige Beziehungen
fühlen sich an wie ein Schutzort
an dem du mit deiner
Verletzlichkeit sicher bist
und Liebe und Zuneigung bekommst

ein Zuhause,
das dich zur Ruhe bringt
und wachsen lässt
ohne zu urteilen,
während ihr beide euch entwickelt

eine Bindung
ohne Kontrolle
und voller
gegenseitigem Verständnis

es kommt in einer Beziehung schnell zu Streitigkeiten, wenn du dich selbst nicht kennst und deine Wunden aus der Vergangenheit nicht verarbeitest. wie viele Beziehungen sind schon an unverarbeiteten Traumata, schlechten Mustern und unbeherrschten Reaktionen zerbrochen?

einer der schwierigsten Momente in
Beziehungen, in denen beide Partner
sich dem inneren Wachstum öffnen, ist,
wenn dein Partner auf eine dicke Schicht
traumatischer Erfahrungen aus der Vergangenheit stößt,
die verarbeitet werden müssen

du siehst, wie dein Partner gegen den Sturm
ankämpft, und kannst ihm oder ihr diesen Kampf nicht abnehmen

du kannst nur Raum schaffen und dich bereithalten,
liebevoll für sie oder ihn da zu sein

was eine gute Beziehung ausmacht:

selbstloses Zuhören
ruhige Kommunikation
klar definierte Verhältnisse
Raum schaffen füreinander
Vertrauen ohne Kontrollzwang
Authentizität ohne Leistungsdruck
die Liebe zwischen beiden ist Empowerment
beide haben Raum für Wachstum und Verwandlung
beide gehen gemeinsam in sich, lachen und erleben Abenteuer
beide sind flexibel und müssen nicht dauernd aneinanderhängen

was gute Freunde ausmacht:

sie sind ehrlich
sie sind dein Zuhause
sie fördern deine Heilung
sie glauben an deine Erfolge
sie haben eine belebende Aura
sie erinnern dich an deine Kraft
sie holen das Beste aus dir hervor
sie bringen gute Laune und Freude mit
sie unterstützen dich in neuen Abenteuern

Freundschaften, in denen wir uns zu Hause fühlen, entwaffnen uns. sie erlauben uns, hinter unserer Maske hervorzutreten und unsere wahren Gefühle zu offenbaren. die tiefsten Verbindungen schaffen Raum für Verletzlichkeit. dabei beruhen gute Freundschaften auf Gegenseitigkeit. wenn eine Person eine schwierige Zeit durchmacht, schafft die andere Raum und hört zu mit einem mitfühlenden Herzen und ohne zu urteilen. echte Freundschaft kennt keinen Neid. wir freuen uns über die Errungenschaften unserer Freunde, als wären sie unsere eigenen. diese Freude, die wir spüren, wenn unsere Freunde etwas erreichen, ist absolut neidlos.

Freundschaften, die sich wie Familie anfühlen,
sind selten. wenn ihr zusammen seid, erleuchtet
ein zeitloser Funke euren gemeinsamen Weg
der Freude, des gemeinsamen Lernens und
der Erholung. ihr wollt nur das Beste füreinander
und freut euch über die Erfolge des anderen.

denke nicht, dass dein Partner oder deine Freunde perfekt sein müssen. alle Menschen haben Fehler. eine Verbindung ist nur mit Menschen möglich, die ihre innere Arbeit verrichten. er oder sie wird wissen, wie man wahrhaftig lebt, Raum schafft, bewusst wächst und sich selbst erkennt.

Ehrlichkeit
+
natürliche Bindungen
+
Lachen und Freude
+
echte gegenseitige Unterstützung
+
ein belebender Austausch
+
authentische Kommunikation

=

starke Freundschaften

eine der härtesten Prüfungen im Leben ist, wenn
in deinem engsten Kreis harte Zeiten anstehen,
wenn Familie oder Freunde, die einen Platz in
deinem Herzen haben, eine Krise durchmachen,
die sich deiner Kontrolle entzieht. in solchen Momenten
kannst du nicht mehr tun, als ihnen zuzuhören und
ihnen zu zeigen, dass du sie liebst. auch wenn du
nicht beeinflussen kannst, wie die Dinge ausgehen,
kannst du sie dennoch unterstützen, beruhigen und
daran erinnern, dass deine Liebe für sie echt und
ungebrochen ist.

manche Beziehungen beginnen ganz und
gar nicht harmonisch. eine starke Energie
zieht die beiden zueinander, und dennoch
entfernen sie sich voneinander, weil ihre
Herzen leiden. dieser Spalt aus Unbewusstem
und Ungesehenem führt zu Missverständnissen,
Reibungen und manchmal sogar zu großem Leid.
doch wie sollen sie wissen, wie man füreinander
da ist, wenn sie sich selbst gar nicht kennen?
Harmonie ist erst möglich, wenn beide ernsthaft
in sich gehen, um sich selbst zu heilen und
kennenzulernen. so kommen sie sich auf
natürliche Weise näher, um sich gegenseitig
zu lieben und zu unterstützen.

Konflikte vertiefen sich, wenn beide eine Abwehrhaltung einnehmen. dann gibt es keine echte Kommunikation mehr und es steht Trauma gegen Trauma.

echte Kommunikation gibt es nur ohne Projektion. zwei Menschen können einander nicht klar sehen und keinen gemeinsamen Grund finden, wenn ihre Worte und Taten von Gefühlen umnebelt sind. so viele Beziehungen und Freundschaften zerbrechen, weil wir emotional noch nicht reif genug sind und nicht wissen, wie wir unsere Abwehrreaktionen kontrollieren können. wenn wir innehalten, sobald wir bemerken, dass wir in eine Abwehrhaltung geraten, und versuchen, klar zu denken, dann können wir echte Lösungen für Konflikte finden. ohne Verletzlichkeit, Selbsterkenntnis und Geduld auf beiden Seiten gibt es keine Versöhnung.

ohne Zuhören, Ehrlichkeit und Raum für Verletzlichkeit gibt es keine Kommunikation. wir können unseren Austausch bewusst vertiefen, indem wir nicht dauernd versuchen, jemandem zu sagen, was wir über ihn oder sie zu wissen glauben, und stattdessen unsere eigene Perspektive und unsere Gefühle klar zum Ausdruck bringen. wir können Wege finden, uns gegenseitig zu unterstützen, aber dafür müssen wir die Wahrheit unseres Gegenübers anerkennen und dann von dort aus weitergehen. die Bindung, die wir uns wünschen, kann nicht erzwungen werden; eine gesunde Beziehung beruht auf Freiwilligkeit.

blinde Treue bringt niemandem etwas

wenn du deine Lieben in ihrem Unwissen bestärkst oder,
schlimmer noch, zulässt, dass sie dir Leid zufügen,
dann betrügst du dich selbst

wenn du siehst, dass deine Lieben falsch handeln
und tiefer im Dunkel versinken,
dann folge ihnen nicht, nur weil du
ihnen von früher verbunden bist

ihr müsst nicht zusammen versinken
ihr müsst nicht zusammen verbrennen
ihr müsst nicht zusammen zerbrechen

auch wenn es hart ist,
musst du manchmal auf deine
innere Stimme hören
und deinen eigenen Weg gehen,
um das Gute in dir zu bewahren

Reife in einer Beziehung bedeutet nicht, dass ihr immer auf einer Wellenlänge seid. ihr werdet nicht immer gleichzeitig guter Laune sein. vielleicht braucht einer von euch häufiger seine Ruhe, während der andere langsamer heilt oder sich schneller an neue Routinen gewöhnt. Menschen wachsen, lernen und bewegen sich in unterschiedlichen Geschwindigkeiten.

sie fragten sie:

»wie kommt eine Beziehung zum Erblühen?«

sie antwortete:

»zwei Menschen, die nach Wissen, Liebe und Heilung für sich selbst als Individuen streben, werden miteinander harmonieren. Kontrollsucht führt zu Streit. Vertrauen lässt Individualität und Verletzlichkeit zu. ruhige Kommunikation, klare Verhältnisse und der Wille, den Partner glücklich zu machen, stärken die Verbindung.«

(eine lebendige Beziehung)

die Liebe wächst,
wenn beide
sich ab und zu gegenseitig fragen,

»wie kann ich
dich glücklich machen?«

Ein Partner, der dich in deiner Kraft stärkt,
ist wertvoll; eine Partnerin, die dich
in deinen Ansichten ernst nimmt, an deine Träume
glaubt und weiß, dass du Großes erreichen kannst.
jemand, der anerkennt, dass du als Individuum
ein Ganzes bist, und der dein Leben mit Liebe und
Zuneigung erfüllt. ihr teilt die Verantwortung auf eurem
gemeinsamen Weg. ihr seid ehrlich, kommuniziert
offen und geht in euch, um sicherzustellen, dass ihr
euch gegenseitig versteht und so handelt, dass eure
Verbindung an Tiefe gewinnt

in einer gesunden Beziehung
treten beide füreinander ein,
wenn einer von beiden
schwierige Zeiten durchmacht

beide können zuhören
und Raum schaffen

beide sind reif genug,
auf sich selbst zu achten und sich
nicht auf andere zu projizieren

finde einen Partner, der sich nicht davor fürchtet, zu wachsen. wenn er oder sie bereit ist, Muster zu erkennen, Vergangenes zu verarbeiten und die eigene Perspektive zu erweitern, dann wird eine lebendige Beziehung zwischen euch möglich sein. zwei Menschen, die sich selbst als Individuen ernst nehmen, werden sich auf natürliche Weise kennen und lieben lernen. zu wachsen ist nicht immer einfach, aber es ist die Grundlage für echte Harmonie.

gemeinsam durchstreifen wir die Zeit
und halten uns an den Händen
die Welt dreht sich weiter
und wir leben in Liebe
wachsen als Individuen
und treffen uns
mit neuer Reife
in der Mitte

lass nicht zu, dass deine Lieben
dich verletzen

bedingungslose Liebe dir selbst
und anderen gegenüber ist ein
Balanceakt zwischen dem
Schutz deines Selbst und der
Offenheit gegenüber anderen

finde einen Partner, der dich in guten wie in schlechten Zeiten in deinem Wachstum und in deiner Heilung unterstützt. niemand ist perfekt und oft ist es nicht einfach, zueinanderzufinden. Kleinigkeiten können manchmal unnötigen Streit auslösen, besonders, wenn ihr gerade eine schwierige Zeit durchmacht. wenn ihr geduldig seid, ruhig kommuniziert und einander wirklich zuhört, dann könnt ihr solch stürmische Zeiten überstehen. Konflikte werden seltener, wenn ihr beide in euch geht, um euch selbst zu erkennen.

denke nicht, dass dein Partner dich
glücklich machen muss. er oder sie
kann eine echte Unterstützung sein,
dich fair behandeln und viel Gutes in dein
Leben bringen, doch das Glück wird
nur von Dauer sein, wenn es von innen
kommt. deine Wahrnehmungen, deine
Heilung, dein Wachstum und deine innere
Ruhe liegen in deinen eigenen Händen.

finde einen Partner, der dich in allen deinen Facetten akzeptiert: samt deinen Erfahrungen aus der Vergangenheit, deinen Mustern und Stimmungsschwankungen, deinen Zielen und Intuitionen – denn das alles macht dich zu der Person, die du bist. um zu wachsen und loszulassen, musst du viele Schichten durchdringen und ablegen. wahre Liebe ist, wenn ihr in eurer Entwicklung harmoniert, aufeinander achtet und ein neues Gleichgewicht findet, während eure Vorlieben und Abneigungen sich mit euch verwandeln.

wahre Liebe ist nicht immer glamourös;
wahre Liebe bedeutet, füreinander da zu sein.
wenn du einen harten Tag hattest
und dein Partner ruhig neben dir sitzt,
deine Hand hält
und aufmerksam zuhört, während du
deine Sorgen,
deine inneren Kämpfe
und deine leuchtendsten Träume offenbarst.

Beziehungen brauchen Zeit, um aufzublühen. manche erwarten, dass die Harmonie sich sofort einstellt. dabei müsst ihr dafür erst viel über die Vorlieben, Abneigungen, die emotionale Vergangenheit und die Ziele des jeweils anderen lernen. je mehr ihr übereinander wisst, desto schneller werdet ihr einen gemeinsamen Rhythmus finden. sprecht miteinander, um die Liebe, die ihr füreinander empfindet, ins Glück zu führen. es gibt kein Perfektion, doch eine tiefe Verbindung, in der ihr euch beide sicher, verstanden und geliebt fühlt, ist möglich.

wenn ihr euch streitet,
solltest du versuchen,
deinen Partner zu verstehen

es hilft, dir deiner inneren Unruhe bewusst zu werden,
die dich nicht klar denken lässt

erkenne deine Abhängigkeiten
sei deutlich in deinen Aussagen
höre geduldig zu

finde ein Gleichgewicht zwischen deiner Wahrheit
und der Perspektive deines Partners

und denke daran, dass ihr beide euch
verstanden fühlen müsst

Reife in einer Beziehung ist nicht, zu erwarten, dass das Glück ewig ist. Höhen und Tiefen sind normal. wenn ihr dunkle Gefühle zulasst, aufmerksam seid und den anderen aktiv unterstützt, dann ist das ein Zeichen wahrer Liebe. in Beziehungen geht es nicht darum, eine Lösung für alle Probleme zu finden; es geht darum, gemeinsam durch gute und schlechte Zeiten zu gehen und sich im Fluss der Veränderungen lieben zu lernen. manchmal muss dein Partner seinen eigenen Prozess durchleben, um leichter und freier daraus hervorzugehen.

wie können wir ein echtes Gespräch führen, wenn ich jedes Mal, wenn wir sprechen, in deinen Augen sehe, dass meine Worte dich nicht erreichen? sie prallen ab an deinen Vorurteilen über mich, die zu einer Person gehören, die ich vor vielen Jahren einmal gewesen bin.

schaffe tiefe Verbindungen, keine Abhängigkeiten

mit Nähe wird Verbindung möglich. wenn wir in engem Kontakt mit jemanden stehen, kann Harmonie wie von selbst entstehen. nachdem wir etwas Zeit mit einer Person verbracht haben, wollen wir vielleicht noch mehr Zeit mit ihr verbringen, oder weiter unseres Weges gehen.

je tiefer die Verbindung, desto größer der Wunsch, uns gegenseitig Gutes zu tun. waren wir einmal Fremde, so beginnen wir jetzt, das Glück des jeweils anderen wirklich zu fördern. auch die Bande der Familie und der Freundschaft bauen auf Verbindung auf. Verbindung erwächst aus der Liebesfähigkeit des Geistes. doch der Geist ist auch der Sitz eines starken Suchtpotenzials, das unsere Wahrnehmungen, Erlebnisse und emotionalen Reaktionen beeinflusst.

die tiefen Verbindungen zu unseren Lieben sind oft mit Abhängigkeiten verwoben und vermischt, nicht weil wir die Dinge verkomplizieren wollen, sondern weil der Geist zu Sucht und Kontrolle neigt. Abhängigkeiten trüben die wahre Liebe, die von tiefen Verbindungen ausgeht. Abhängigkeiten sind schlecht für Beziehungen, weil sie die individuelle Freiheit beschränken.

nichts ist falsch daran, sich in einer Beziehung bestimmte Dinge zu wünschen, aber nichts darf erzwungen werden. stattdessen sollte ehrlich und ruhig kommuniziert werden, damit beide sich verstanden fühlen. durch dieses gegenseitige und geteilte Verständnis tragen beide freiwillig zur Harmonie der Beziehung bei.

eine Liebe ohne Abhängigkeit ist nicht gleich Liebe ohne Bindung. Abhängigkeiten sind Kontrollzwänge und ein Zeichen innerer Unruhe; freiwillige Bindungen fördern das Glück und die Harmonie und sind ein Zeichen von Großzügigkeit.

baue deine Beziehungen auf klarer Kommunikation
und freiwilliger Bindung auf, nicht auf Erwartungen

zu oft behalten wir unsere Erwartungen für uns oder deuten nur vage an, was wir wollen. wir begreifen nicht, dass wir die Unterstützung, die wir uns wünschen, nur bekommen, wenn wir klar und deutlich kommunizieren. wenn wir geradeheraus mit anderen darüber sprechen, was wir brauchen, um uns sicher und geliebt zu fühlen, geben wir ihnen die Möglichkeit, für uns da zu sein.

wir alle sind einzigartig. selbst wenn wir eng miteinander verbunden sind, müssen wir die Vorlieben, Abneigungen, Stärken, Kämpfe und Gewohnheiten unseres Gegenübers kennenlernen.

wenn wir uns über unsere Bedürfnisse, Wünsche und emotionale Vergangenheit austauschen, dann wissen wir, wie wir am besten aufeinander eingehen können. so können wir einander direkt sagen, wie wir einander entgegenkommen und füreinander da sein können. auf diese Weise kann aus unseren Erwartungen echte Zuneigung erwachsen.

der Unterschied ist klein, aber entscheidend. eine Beziehung ist viel harmonischer, wenn keiner von beiden versucht, sie unter seine Kontrolle zu bringen. Erwartungen sind häufig eine Form von Kontrollsucht und können in einem oder beiden Partnern ein Gefühl von Einengung und Machtlosigkeit hervorrufen. mit Verständnis und Freiwilligkeit entsteht Freiheit in und außerhalb von Beziehungen, sodass niemand dazu gedrängt wird, anders zu sein, als er oder sie ist. wenn wir unsere Erwartungen zügeln und uns wirklich binden, dann werden wir freier sein in unseren Beziehungen doch auch wenn wir klar kommunizieren und uns freiwillig binden, sollten wir uns vor manipulativem Verhalten in Acht nehmen, da Kontrollzwänge unbemerkt oder unterbewusst wiederkehren können. du weißt, dass deine Freiheit respektiert wird, wenn du auf eine Bitte problemlos mit Nein antworten kannst, weil sie deiner Sicherheit, deinem Wohlergehen oder deinen Zielen widerspricht. nicht jeder Bitte muss nachgegangen werden, wenn beide sich dem Wachstum und der Veränderung verschrieben haben. freiwillige Bindung kann nicht erzwungen werden.

es ist nichts falsch daran, deine Bedürfnisse
in einer Beziehung zu kennen, doch sie werden
eher erfüllt werden, wenn du sie klar kommunizierst
und *dein Gegenüber sich freiwillig für dich einsetzt*.
wenn beide sich aus ihrem eigenen Willen heraus
füreinander einsetzen, dann wird die Beziehung
von Harmonie erfüllt sein.

finde einen Partner, der dir den Raum gibt,
den du brauchst, um du selbst zu sein. es ist
gesund, unterschiedliche Interessen, Vorlieben
und Abneigungen zu haben. ihr müsst nicht zu
einer Person verschmelzen, um euch eure Liebe
zu beweisen. ihr wisst, dass ihr beide euch
gegenseitig in eurem Glück unterstützt, wenn
ihr beide ganz ihr selbst sein könnt. denkt daran,
dass Vertrauen dort wächst, wo auf Kontrolle
verzichtet wird, und dass lebendige Beziehungen
ein Balanceakt zwischen Freiheit und Sicherheit sind.

dein Partner sollte dich so akzeptieren, wie du bist,
und dir die Sicherheit vermitteln, die du brauchst,
um heilen und wachsen zu können

nicht, weil dein Partner dich verändern will,
sondern weil seine oder ihre Anwesenheit
dich anregt und inspiriert, wirst du
emotional reifer

es geht nicht darum, einen perfekten Partner zu finden; es geht darum, zu erkennen, wenn die Verbindung stark ist, dein Wesen trägt und dich so unterstützt, wie du es brauchst. verliere dich nicht im Wunsch nach Perfektion. wenn beide ihre Fehler anerkennen und das Beste aus sich herausholen, dann werden sie eine glücklichere Beziehung führen.

finde einen Partner, der bereit ist, sich klar
festzulegen. ihr beide wisst, dass ihr euch
gegenseitig unterstützt, wenn ihr aktiv
kommuniziert. was ihr voneinander
braucht, wird sich mit der Zeit ändern.
wenn ihr regelmäßig in euch geht,
wird eure Bindung harmonisch und
lebendig bleiben. die Art und Weise,
wie ihr euch liebt, vertraut und Mitgefühl
zeigt, hebt eure Beziehung auf ein neues
Level, auf dem ihr beide eure persönliche
Heilung vertiefen könnt. wahre Liebe
fürchtet sich nicht vor Veränderung. sie
ist dem Wachstum gegenüber offen
und passt sich an.

durch Gespräche ohne Vorurteile und Projektionen finden Paare näher zusammen. sich abwechselnd wirklich zuzuhören, mitfühlend über die Perspektive des anderen nachzudenken, während des Gesprächs ganz bewusst in sich zu gehen, um zu prüfen, ob man ehrlich und klar agiert – das ist es, was wahre Harmonie in einer Beziehung ausmacht. wenn beide Partner in gemeinsamen Momenten füreinander da sind, dann ist das die Grundlage für eine Liebe, die über allen Konflikten steht, und für ein gegenseitiges Verständnis, das alle Missverständnisse überbrückt.

es geht nicht darum, einen Partner zu finden,
der seine Gefühle perfekt unter Kontrolle hat;
es geht darum, jemanden zu finden, der genauso
viel Engagement zeigt wie du – nicht nur in der Beziehung,
sondern auch im Prozess der eigenen Selbstheilung.
so könnt ihr besser lieben und klarer sehen und denken.

finde einen Partner, dem du nichts vorspielen musst.
wenn ihr liebevoll, ehrlich und mitfühlend
miteinander umgeht, dann gibt es keinen Grund,
unehrlich zu sein. wenn ihr euch wirklich liebt,
dann begegnet ihr den Gefühlen des anderen
mit einem offenen Herzen. auch wenn ihr beide
entschlossen seid, das Beste aus euch herauszuholen,
versteht ihr, dass nicht jeder Tag ein guter Tag ist
und nicht jeder Schritt ein Schritt nach vorn.
in einer wahrhaftigen und liebevollen Beziehung
können beide ihre Schutzwälle fallen lassen
und sich zu Hause fühlen.

die besten Freundschaften
beweisen sich in Krisenzeiten

wenn deine Welt erschüttert wird, werden
Freunde die stürmischen Zeiten mit dir durchstehen

wenn alles aussichtslos erscheint,
dann bringen sie ihr Licht und helfen dir
zu sehen, dass bessere Zeiten kommen werden

wenn du nicht mehr kannst,
dann findest du durch sie deine Kraft wieder

manche Freundschaften sind so tief,
dass ihr in eine andere Dimension rutscht,
wenn ihr Zeit miteinander verbringt:

ein Raum, in dem ihr euch beide frei und sicher
fühlt, um euer wahres Selbst zu zeigen

ein Zuhause, in dem die Zeit stillsteht und
in grenzenloser Freude erstrahlt.

wahre Freunde sind Menschen, die:

dir vertrauen
mit dir lachen
sich wie Familie anfühlen
deine Ehrlichkeit schätzen
dein Selbstwertgefühl stärken
Raum schaffen in schwierigen Zeiten
Glück und Geborgenheit mit sich bringen
dich lieben, auch wenn du dich verändert hast
dir helfen, dich selbst zu erkennen und zu lieben

du zeigst in einer Beziehung wahre Reife, wenn
du klar mit deinem Partner kommunizierst, sobald
dunkle Gedanken aufkommen, noch bevor dein
Geist einen Weg findet, ihn oder sie für deine Unruhe
verantwortlich zu machen; wenn du deine Ängste
offen ansprichst, kannst du dir deiner Anspannung
bewusst werden und deinen Partner wissen lassen,
dass du Freiraum oder Raum brauchst.

manche Freunde haben einen besonderen
Platz in deiner Geschichte. sie waren
in schwierigen Zeiten für dich da, sie haben
dich klar gesehen, als andere es nicht taten,
sie haben an dich geglaubt, bevor du selbst
an dich glaubtest. Freundschaften, die dich
stärken, sind selten und halten meist
ein ganzes Leben lang.

wahre Liebe wird dich akzeptieren, wie du bist und dir helfen, alte Schichten abzulegen, um das Beste aus dir herauszuholen. viele gehen eine Beziehung ein, obwohl sie noch nicht ganz geheilt sind: halb-Leben und halb-Überleben. wenn die Verbindung echt ist und die Verhältnisse klar definiert sind, dann können beide beginnen, ihre individuelle Heilung zu vertiefen und die Schichten/ Geschichten entfalten und loslassen, die tief in ihrem Inneren schlummern. wenn die eigene Heilung fortschreitet, dann wird auch das Glück in der Beziehung wachsen.

Wachsen

früher oder später wirst du sehen, was sich verändert hat. dein Geist wird leicht, die Bäume sehen heller aus, die Luft in deinen Lungen wird zu einem Quell neuer Möglichkeiten und das Leben erstrahlt in bunten Farben. es wird weiter Höhen und Tiefen geben und es gibt noch viel zu lernen, doch du bist jetzt ruhig und hast keine Angst mehr vor den alten Stürmen, die schneller vorüberzuziehen scheinen. ein neues Bewusstsein entsteht in dir und erinnert dich sanft daran, dass nur du selbst für deinen Frieden und deine Freiheit verantwortlich bist.

sei auf starke Veränderungen gefasst,
wenn du eine weitere Schicht alter Traumata,
Muster oder Schmerzen verarbeitest. wenn du
loslässt, wird deine Persönlichkeit sich verändern.
es ist normal, dass du dich auf deiner Reise hin zu
mehr Selbsterkenntnis, Frieden und Glück veränderst.

beginne dein Leben nicht erst,
wenn dein Heilungsprozess
abgeschlossen ist. deine Heilung
ist eine lebenslange Reise. du musst
lernen, zuzulassen, dass echte
Verbindungen unterwegs erwachsen.

es ist normal, dass du dich emotional ausgelaugt fühlst, nachdem du dich geöffnet oder eine längere Zeit innerer Unruhe durchgemacht hast. sei bereit, dir die Auszeit zu nehmen, die du brauchst, um dich zu erholen. manchmal muss man die Füße baumeln lassen.

wenn du auf deine Intuition hörst, obwohl die
Gesellschaft und Menschen in deinem Leben
dir davon abraten, dann zeigst du wahren Mut

fremder Rat ist häufig eine Frucht der Angst
Leute möchten, dass du im Strom schwimmst
und dich normal verhältst

ein berechenbares Risiko einzugehen, ist nicht
Leichtsinn; es ist Furchtlosigkeit.

denke nicht in Extremen; die Antwort
ist selten alles oder nichts. handle
geschickt und bahne dir einen Weg durch
den Dschungel widersprüchlicher Optionen.
Lösungen findest du, wenn du tiefer gehst.
das Leben ist kompliziert und verläuft
manchmal auf wirren Pfaden. finde
einen Mittelweg und fordere dich
selbst dazu heraus, weiterzudenken.

sei voller Liebe, aber erschöpfe dich nicht
sei friedlich, aber nicht passiv
sei geduldig, aber gib dich nicht mit zu wenig zufrieden
vertraue dir selbst, aber sei nicht arrogant
sei offen für Liebe, aber erzwinge keine Beziehung
sei zielstrebig, aber mit Gelassenheit

wenn du zweifelst, denke daran, dass du:

die Stärke hast, Nein zu sagen
die Kraft hast, nicht aufzugeben
die Geduld hast, weiter zu lernen
die Fähigkeit hast, selbstlos zu geben
den Mut hast, Veränderung zu akzeptieren
die Wahrhaftigkeit hast, du selbst zu sein
die Energie hast, deine Ziele zu verfolgen
die Klugheit hast, deine innere Ruhe zu finden
das Bewusstsein hast, deiner Intuition zu folgen
die Offenheit hast, mit Freundschaften zu wachsen
die Intelligenz hast, die Vergangenheit nicht zu wiederholen

sie fragten sie:

»wie lässt man los?«

sie antwortete:

»man lässt nicht los, indem man eine Erinnerung
löscht oder die Vergangenheit ignoriert; loszulassen
bedeutet, dass du nicht mehr auf die Dinge reagierst,
die dich früher gestresst haben, und dass du dich von
der negativen Energie bestimmter Gedanken befreist.
dafür braucht es Selbsterkenntnis, Selbstbewusstsein,
Geduld und Zeit. wenn du loslässt, dann lernst du dich
selbst so gut kennen, dass alle Illusionen verschwinden.«

(Gegenwärtigkeit)

es geht nicht darum, zu erwarten, dass dein Partner dich glücklich macht; es geht darum, klar zu kommunizieren, auf welche Weise er oder sie dich am besten auf deiner Reise in dein Inneres unterstützen kann, um dein Glück zu vermehren.

Erinnerungen können nicht gelöscht und
die Vergangenheit nicht verändert werden,
aber du kannst alte Muster ablegen und
blinde Reflexe vermeiden. du kannst lernen,
dir Veränderung zu eigen zu machen, aufwühlende
Gefühle zu akzeptieren, dich selbst zu erkennen
und gute Gewohnheiten zu pflegen. Heilung
ist bewusstes Handeln plus Zeit.

du wirst kaum erkennen
dass du Fortschritte machst, wenn du
mitten im Heilungsprozess steckst

bevor die Zweifel
überhandnehmen

solltest du erkunden, wie sehr
du gewachsen bist und was du
schon erreicht hast, indem du
in deinem Kopf einen Schritt zurücktrittst
und dir so den nötigen Überblick verschaffst

wir fühlen uns mit unseren Lieben so
sicher, dass wir unsere Unruhe,
unseren Stress, unsere Ängste,
unseren Kummer und unsere Wut
häufig an sie weitergeben

wir müssen daran denken, sie auch an den
schönsten Seiten unserer selbst teilhaben zu
lassen: an unserer Freude, unserem Glück,
unserer Begeisterung, unserem Frieden,
unserer Aufmerksamkeit und unserer
Zuneigung

Dankbarkeit führt zu Glück
Abhängigkeit führt zu Stress
Sanftmut ist Klugheit
Härte ist Unruhe
Ruhe erlaubt gute Entscheidungen
Einsamkeit erlaubt Veränderung

basics für dein Wachstum:

Ruhe
Ehrlichkeit
Zeit zum Lernen
neue Gewohnheiten
alte Geschichten loszulassen
Nein zu sagen zu alten Mustern
Zeit zu finden für Selbsterkenntnis
Ja zu sagen zu Menschen, die dir helfen
deine emotionale Vergangenheit zu erforschen
daran zu glauben, dass Veränderung möglich ist
einen Weg zu finden, die Wunden aus der Vergangenheit zu heilen

oft schweifen unsere Gedanken in die Zukunft ab, weil wir etwas erreichen wollen, das erst mit der Zeit wachsen kann. besonders, wenn wir uns verändern wollen, vergessen wir, dass ein neues Leben nicht von heute auf morgen beginnt. ein stabiler Tempel des Friedens mit einem starken Fundament, das allen Stürmen widersteht, entsteht nicht über Nacht.

wenn wir ständig an die Zukunft denken, vergessen wir die Gegenwart. ein Geist, der ständig in die Zukunft abschweift, verliert sich in einem Traum, der nur wahr werden kann, wenn wir das Hier und Jetzt zu schätzen wissen.

jeder unserer Atemzüge ist gegenwärtig, genauso wie unser Wachstum. die Klugheit, die in der Wahrheit der Natur liegt, wächst nur in uns, wenn wir die Gegenwart im Blick behalten. selbst wenn wir die Vergangenheit aus guten Gründen ergründen wollen oder für die Zukunft planen müssen, erreicht uns dieses Wissen in der Gegenwart und wird dort von uns verarbeitet werden müssen.

wenn wir uns Ziele setzen, dann schaffen wir die Grundlage für Wachstum. sie sind der Kompass, der unser Handeln in jedem Augenblick so ausrichtet, dass es uns unseren Bestrebungen näherbringt. aber wenn wir nicht jeden kleinen Erfolg zu schätzen wissen und nicht dankbar sind für jede Tat, die unsere Verwandlung voranbringt, dann wird auch das Erreichen unserer größeren Ziele uns nicht zufriedenstellen.

dabei dürfen wir unser Glück jedoch nicht von bestimmten Erfolgen abhängig machen, denn das würde unseren Fortschritt verlangsamen und unsere Dankbarkeit mindern. stattdessen sollten wir dankbar sein und der Gegenwart mit offenen Armen entgegentreten.

du musst keinen
Partner haben, um ganz zu sein
du musst nicht
immer alles unter Kontrolle haben, um erfolgreich zu sein
du musst nicht
vollkommen geheilt sein, um Frieden zu finden
du musst nicht
immer klug handeln, um glücklich zu sein

dich selbst zu akzeptieren, wie du bist,
stärkt dein Selbstwertgefühl und
beruhigt deinen Geist

wenn wir uns selbst akzeptieren, wie wir sind, dann fällt es uns leichter, das Beste aus uns herauszuholen. um nachhaltig zu wachsen, müssen wir unser inneres Gleichgewicht finden. wenn wir uns selbst hassen, dann verlangsamt sich dieser Prozess. durch Abneigung verfestigen sich unsere inneren Widerstände. auch wenn es oft schwierig ist: wir müssen unsere Situation mit radikaler Ehrlichkeit akzeptieren und unsere Fehler – auch vor uns selbst – zugeben. das ist der erste wichtige Schritt in Richtung echter Veränderung.

wenn wir unsere Fehler akzeptieren und verstehen, dass unsere Erfahrungen unsere Wahrnehmung der Wirklichkeit formen, dann wird es uns leichter fallen, die Vergangenheit loszulassen, die in unserem Geist schlummert. es gibt einen Mittelweg: wir können anerkennen, dass wir an bestimmten Seiten unserer Selbst noch arbeiten müssen, ohne durch diese Einsicht sofort in Selbsthass zu verfallen. uns selbst zu akzeptieren ist keine Selbstgefälligkeit; es ist der Beginn einer Reise hin zu großer geistiger Klarheit und Liebe uns selbst und allen Menschen gegenüber.

ein klares Zeichen für persönliches Wachstum ist Selbsterkenntnis und die Liebe dem Selbst und allen Menschen gegenüber. unsere innere Arbeit soll uns nicht zu Einsiedlern oder Egoisten machen. wenn wir immer nur zu uns selbst freundlich sind, dann stimmt etwas nicht. wenn wir wirklich versuchen, unsere innere Ruhe zu finden und klug zu handeln, dann werden wir auch anderen mit mehr Mitgefühl begegnen können.

unsere innere Arbeit macht uns gleichzeitig stärker und bescheidener. wir gehen mit neuer Energie aus ihr hervor und sind befähigt, unserer Berufung zu folgen. durch sie begreifen wir, wie sehr uns unsere Wahrnehmungen täuschen können und wie viel wir noch lernen müssen.

wenn wir in uns gehen, dann bemerken wir, wie stark die Gesellschaft unsere unterbewussten Vorlieben und Vorurteile geprägt und geformt hat. wir denken, wir hätten keine Vorurteile, doch unsere gesamte Vergangenheit – d. h. jeder Austausch, den wir je erlebt, und alle Medien, die wir je genutzt haben – beeinflusst unser Denken und Handeln ständig. wahre Freiheit ist die Fähigkeit, die Welt zu sehen, ohne dass unsere persönliche Vergangenheit sich über alles stülpt, was uns begegnet. auf ihrem Höhepunkt sind Klarheit und selbstlose Liebe das Gleiche. Übung macht den Unterschied.

echte Freunde kennen alle Facetten deines Seins,
deiner Launen und deines Charakters

sie akzeptieren dich, wie du bist,
und setzen dich nicht unter Druck

sie wissen, dass Authentizität nicht bedeutet,
immer und immer wieder dieselbe Person zu sein;
sondern dir selbst zu erlauben, dich auf der Reise
deines Lebens zu verändern

gehe deine Heilung in der Geschwindigkeit an,
die für dich richtig ist

was bei anderen funktioniert,
muss dir nicht unbedingt auch helfen

die emotionale Vergangenheit
jedes Menschen ist einzigartig

es gibt kein Wachstum ohne Ärger,
doch wer ständig unzufrieden ist,
lebt ungesund

dich selbst zu lieben ist ein Balanceakt
zwischen innerer Arbeit, Ruhe und Gelassenheit

langsame Phasen folgen häufig
auf eine Periode schnellen Wachstums

du solltest keine Angst vor ihnen haben,
sondern sie als eine Chance begreifen,
dein neues Selbst zu erkunden

während du reifst, legst du so viele Schichten ab,
dass du dich manchmal radikal veränderst und
dein Geist und Körper sich wie neu anfühlen

langsame Phasen fördern die Erneuerung
und helfen dir, dich an eine neue Situation anzupassen

doch wenn es mal länger dauert, dann stellt das
dein Wachstum auf die Probe; in solchen Zeiten
ist es besonders wichtig, deine Fortschritte zu beobachten
und zu erkennen, woran du weiter arbeiten musst

innerer Frieden ist nicht:

sich die ganze Zeit perfekt zu fühlen oder sich nicht
darum zu kümmern, was um einen herum passiert

innerer Frieden ist:

mit deinen Gefühlen zu sein, ohne gleich
auf sie zu reagieren; er ist die Ruhe,
die wächst, wenn du Veränderungen akzeptierst

sechs Dinge, die zu innerer Ruhe führen:

keine Furcht vor Veränderungen

Freundlichkeit gegenüber anderen

Ehrlichkeit gegenüber dir selbst

bewusstes Handeln

Selbsterkenntnis

Dankbarkeit

das Leben ist hart und
voller Herausforderungen

und dennoch musst du dich fragen:

wie viel unnötigen Stress und geistige
Unruhe löst du selbst aus,
weil dein Geist voller Vorahnungen
und Ängste ist?

wie oft hast du dich dagegen gewehrt, loszulassen
und dich anzupassen, wenn die Dinge sich veränderten?

wie viel deiner inneren Unruhe
hast du dir selbst auferlegt?

behandeln wir uns gegenseitig nicht länger
wie Maschinen. es ist okay, wenn jemand
mal nicht sofort auf deine Mail antwortet.
erwarte nicht immer schnelle Antworten auf
jede Nachricht. das Internet und die sozialen
Medien zehren an unserer inneren Energie.
bleibe menschlich und nimm dir die Zeit,
die du brauchst.

in einer Zeit, in der so viele nach der
Aufmerksamkeit der anderen suchen,
ersparst du dir viel Stress, wenn du
in dich gehst und dein Selbstwertgefühl
stärkst. soziale Medien können inspirieren
oder aber Unsicherheiten verstärken. achte darauf,
wie die Inhalte, die du konsumierst, auf deine
Gefühle einwirken.

Nein zu sagen ist manchmal schwer, weil
andere dadurch verletzt werden könnten.
wenn du deinen Weg kennst und weißt, was du
willst, dann musst du auf deine Grenzen achten.
spare deine Energie, damit du deine wichtigsten
Ziele erreichen kannst. alle, die auf ihre innere
Stimme hören, werden verstehen und respektieren,
dass du das Recht hast, Nein zu sagen.

ein paar Tage lang war ich verloren
und die Vergangenheit überrollte mich

und ließ mich nicht klar sehen, während
alte Reflexe meinen Geist beherrschten

ich war gefangen im
Wirbelsturm der Vergangenheit

ich erahnte meine alte Heimat,
erinnerte mich an ihre Mauern und Grenzen

fühlte wieder all die Gründe, die mich dazu
bewogen hatten, fortzugehen

das Glück war leer und
was mir einst Freude bereitete, verpuffte

ich konnte nicht mehr ruhig an einem Ort leben,
der zu klein war für mein erweitertes Selbst

eine riesige Welle der Schuld schwappte über mich,
weil ich ein paar Schritte zurückgefallen war

doch dann begriff ich,
dass das Wiedererleben
dieser alten Verhaltens- und Lebensweisen
mich dazu motivierte,
endlich die Tür zu schließen
und die Muster, die mich immer nur
im Kreis führten, nicht länger zu verstärken.

sie fragten sie:

»was ist wahre Freiheit?«

sie antwortete:

»Freiheit ist geistige Klarheit und innerer
Frieden. Freiheit ist, wenn du dich selbst nicht auf
andere projizierst und wenn du keinen unnötigen Stress
hast und dein geistiges Gleichgewicht findest. Freiheit
ist, wann immer du nicht nach mehr verlangst.
Glück und Freiheit sind eins.«

(ein klarer Geist)

gehe immer wieder in dich selbst
und frage dich:

ist das die richtige Richtung für mich?

machen meine Entscheidungen mich glücklich?

was kann ich anders machen, um meine Ziele zu erreichen?

folge den Energien der Erde

sei großzügig
und vernünftig in deinem Handeln
sei stark in turbulenten Zeiten

erlerne die Eigenschaften des Wassers

bewege dich sanft durch dein Leben
verbinde dich mit deiner Kraft
sei flexibel und ausdauernd

verkörpere die Lehren des Feuers

verwandle deine Erfahrungen in Licht
ziehe klare Grenzen
achte darauf, wann deine Energie erschöpft ist

verinnerliche die Werte der Luft

lass deine Erwartungen los
akzeptiere, dass alles ständig im Wandel ist
sehen ist nicht alles; fühlen ist das Wichtigste

(Gleichgewicht)

emotionale Reife ist,
den Unterschied zu kennen
zwischen echten Bedürfnissen
und vorübergehenden Lüsten

deine Bedürfnisse helfen dir,
dein Gleichgewicht zu finden
und dein Glück zu vergrößern

Lüste sind ein Spiegel deiner
Unruhe und deiner Abhängigkeiten;
sie hinterlassen ein Gefühl
der Unzufriedenheit

achte darauf, deine Heilung nicht zu verkomplizieren. du musst dir nicht zu viele Gedanken über deine Vergangenheit machen und jedes Trauma wieder und wieder hervorholen. Selbsterkenntnis ist nah dran an der Gegenwart – in den Momenten, in denen du dich selbst klar siehst, wird es dir leichter fallen, klug zu handeln. die Wunden aus der Vergangenheit heilen am schnellsten, wenn du nicht vor dir selbst und der Gegenwart davonläufst.

ungefragter Rat stellt deine Geduld auf die Probe
und ist ein guter Anlass, in dich du gehen.

soll dieser Rat mir helfen oder meinem Gegenüber?

passt dieser Rat zu meiner Intuition?

kann ich meinem Gegenüber trotz dieses unnötigen
Ratschlags noch mit Geduld und Mitgefühl begegnen?

es ist sehr schwer, Nein zu
dir selbst zu sagen, um das
Beste aus dir herauszuholen:

Nein zu Ablenkungen und Unentschlossenheit

Nein zu den Verhaltens- und Lebensweisen
der Vergangenheit

Nein zu einfachen Lösungen

Nein zu Zweifeln und Angst

ein neues Leben

Stärke zeigt sich in den kleinsten Bewegungen

Schranken verbiegen und zerbrechen,
wenn wir freundlich und zwanglos
miteinander umgehen

Freundlichkeit wirkt entwaffnend,

weil sie eine Wärme in sich trägt, die sagt:

»ich werde dich nicht verletzen«

trau dich

geh den Weg, den
deine Intuition dir aufgibt

das Leben ist eine einmalige Chance;
wenn du keine Angst hast, dann
kannst du das Beste daraus machen

nicht immer führen neue Wege
automatisch zu Erfolg. doch
wenn du dir etwas zutraust,
dann hast du die Chance
auf ein erfülltes Leben

sobald sie loszulassen begann, klärte sich ihr Blick. sie kam besser mit der Gegenwart klar und die Zukunft war offen und erstrahlte voller Möglichkeiten. in dem Moment, in dem sie die negativen Energien der Vergangenheit abgelegt hatte, kehrten ihre Kraft und Kreativität zurück. mit dieser neuen Energie baute sie sich ein neues Leben voller Freude und Freiheit auf.

deine Beziehungen werden viel inniger werden
und deine innere Unruhe deutlich abnehmen,
wenn du die Menschen einfach so akzeptierst,
wie sie sind, anstatt immer nur daran zu denken,
wie sie sich verändern müssten, um mehr zu sein
wie du

sechs Zeichen von Reife:

du bist offen für Verletzlichkeit, Lernprozesse, Loslassen

du siehst mehr Perspektiven als nur deine eigene

du übernimmst Verantwortung für dein Glück

du handelst so, dass du wachsen kannst

du hältst inne, um zu denken, anstatt zu reagieren

du bist ehrlich dir selbst und anderen gegenüber

sei bescheiden
und hinterfrage deine Vorstellungen
sei bescheiden
und sieh nicht auf andere herab
sei bescheiden
und fälle keine voreiligen Urteile
sei bescheiden
und lebe großzügig
sei bescheiden
und lerne von anderen

vier Meister, von denen du viel lernen kannst:

Wandel

Wasser

Einsamkeit

Sein

wenn ich immer nur will,
dann bleibt mir wenig Zeit, um zu sein

nur im Sein
kann ich wahren Frieden finden

wer reif ist, freut sich
über die Erfolge anderer

wenn dein Geist immer nur wetteifert
und sich ärgert, wenn jemand das hat,
was du willst, dann ist das ein Zeichen dafür,
dass du dich selbst bekriegst

um dieser inneren Unruhe ein Ende zu setzen,
musst du dich selbst kennen und lieben lernen

selbst wenn du deine traumatischen Erfahrungen aus der Vergangenheit verarbeitet hast, wirst du nicht immer glücklich sein. es ist ganz natürlich, dass deine Stimmung Höhen und Tiefen hat. was sich verändert, ist, dass du weniger stark auf alte Trigger reagierst und in Zeiten innerer Unruhe nicht mehr gleich in alte Verhaltensmuster verfällst.

du musst dich wegen des ersten Gedankens, der
in deinem Kopf aufblitzt, nicht gleich verurteilen

er ist nur ein Nachhall deines ehemaligen Selbst

deine bewussten Entscheidungen bestimmen,
wer du bist, und beeinflussen, wer du
in Zukunft sein wirst

dafür musst du innehalten, denken und handeln

ein ernsthaftes und ehrliches Gespräch mit
guten Freunden ist manchmal genau das,
was du brauchst, um wieder klar denken zu
können, dich aufzurichten, der Welt entgegen-
zutreten und deine Ziele mit einer neuen,
konzentrierten Energie weiterzuverfolgen

drei Zeichen für gute Freunde:

sie setzen dich nicht unter Druck

sie halten dir in schwierigen Zeiten den Rücken frei

sie freuen sich ehrlich über deine Erfolge

Fortschritt ist, wenn du anerkennst, wer du bist und wer du gerne wärst, ohne dass du dich ärgerst, weil du von diesem Ideal noch weit entfernt bist. stattdessen sollte es dich dazu motivieren, weiterzumachen. wenn du deine Ziele ohne Verbissenheit verfolgst, dann wirst du eher erfolgreich sein.

Schmerzen reisen durch die Zeit

sie wandern von einer Person
zur nächsten und von der Vergangenheit
in die Gegenwart und dann in die Zukunft

wer die Kette des Schmerzes
durchbricht, ist ein Held

Menschen, die sich selbst heilen,
haben gesündere Beziehungen,
weil sie das Leid nicht weitergeben

wer sich selbst heilt,
der heilt auch die Zukunft

was andere über dich denken,
hängt eher von deren inneren
Mechanismen ab als von
deinem Handeln

du kannst nicht kontrollieren,
wie andere denken und leben,
aber du kannst dir bewusst werden,
welche Energie du in die Welt entlässt

manche werden dich missverstehen,
doch das Wichtigste ist, dass du
dich selbst verstehst

wahre Veränderung braucht Zeit. wenn du daran arbeitest, loszulassen und dich selbst zu erkennen, dann verpasst du deinem Leben einen neuen, frischen Anstrich. wenn du in die Welt hinausblickst, dann siehst du eine energetische Lebendigkeit, in der die Möglichkeit eines besseren Lebens erstrahlt. fälle die richtigen Entscheidungen, selbst wenn deine Gewohnheiten dich in alte Muster zurückdrängen. du wirst lernen, wie wichtig es ist, dass du die Gefühle, die in schwierigen Zeiten hochkommen, akzeptierst; solche Phasen gehen vorüber und werden deinen Geist leichter und deinen Blick klarer hinterlassen als zuvor. so wird dein Leben voller Wachstum und Verwandlung sein, und du findest deinen inneren Frieden.

Glück ist, dich über das, was du
erreicht hast, zu freuen,
ohne daran zu denken,
was noch fehlt oder was
als Nächstes ansteht

Nein zu sagen ist ein Zeichen von Fortschritt
Nein zu sagen ist ein Zeichen von Hingabe
Nein zu sagen ist ein Zeichen von Empowerment

Nein zu sagen, kann dir helfen, deine Ziele zu erreichen
Nein zu sagen, kann deine geistige Gesundheit fördern
Nein zu sagen, kann dich mit den richtigen Menschen zusammenbringen

in einer sich immer schneller
drehenden und ausweitenden Welt
ist innere Ruhe das Wichtigste

eine Ruhe, auf die du dich verlassen kannst,
wenn um dich herum das Chaos herrscht

eine Ruhe, die dir hilft, tief
durchzuatmen und richtige Entscheidungen
zu treffen, wenn es an der Zeit ist, zu handeln

Ruhe hilft dem Geist, klar zu sehen

Vergleiche vergrößern deine Ängste

Geduld schafft Raum für Wachstum

Wut führt zu Ängstlichkeit

Freude entsteht im Hier und Jetzt

um dich wegen einer Geschichte,
die deine Wahrnehmung trübt,
nicht mehr zu ärgern,

musst du dir in Erinnerung rufen, dass dein Wissen
begrenzt ist und nicht den gesamten Zusammenhang
einer Situation erfassen kann

du kannst nicht alles wissen
und die Geschichte geht weiter

es geht nicht darum, die ganze Zeit leichtherzig und fröhlich zu sein; es geht darum, die schweren und dunklen Gedanken nicht zu verfolgen, sie schlicht vorbeiziehen zu lassen, damit sie keine Wurzeln schlagen und keine Macht über dein Handeln bekommen.

mit unserer Klugheit wächst auch unser Mitgefühl für uns selbst und für andere. es ist leichter, das Sein und Handeln der anderen zu verstehen, wenn wir unsere innere Welt verstanden haben.

je weiter sich unser Denken entwickelt, desto freundlicher wird unser Umgang mit uns selbst und mit anderen. eine neue, liebevolle und positive Einstellung entsteht, wenn wir den Ego-Stress ablegen. so erwächst in uns neue Klarheit – der Kern unserer inneren Heilung.

doch diese Freundlichkeit ist noch keine vollständige Verwandlung. auch wenn sich eine neue Klarheit bereits andeutet, müssen wir bedenken, dass der Geist weit ist und dass das Unterbewusstsein, in dem der Großteil unserer emotionalen Vergangenheit liegt, viel enthält, das noch verarbeitet werden muss. wir befinden uns in einer Situation, in der unsere bewussten Gedanken sich bereits zum Besseren gewandelt haben, während unsere unterbewussten Gedanken, die manchmal plötzlich auftauchen, immer noch von der Schwere und Schärfe vergangener Zeiten erfüllt sind.

das soll nicht heißen, dass wir uns selbst dazu zwingen müssen, auf eine bestimmte Weise zu denken oder bestimmte Gedanken zu verdrängen. wir sollten uns nur bewusst sein, dass diese verworrene Entwicklung ganz natürlich zum Heilungsprozess dazugehört, und uns darauf konzentrieren, die Muster und Handlungsweisen zu pflegen, die unsere Verwandlung fördern.

sobald du bereit bist, zu wachsen und zu heilen,
sobald sich erste Probleme auflösen, werden tiefere
Schichten deines Selbst zum Vorschein kommen,
die erforscht und verarbeitet werden müssen. es
hat sich viel mehr im Unterbewusstsein angesammelt,
als wir anfangs begreifen können. loszulassen ist ein
langwieriger Prozess. oft vergrößert sich unser Glück
bereits, wenn wir alte Verhaltensmuster verlernen.

wenn du dich selbst wirklich liebst,
dann wird es dir leichter fallen, ein
Gleichgewicht zu finden zwischen
selbstloser Hingabe und dem Schutz
deines Selbst vor Verletzungen

uns selbst zu finden kann verwirrend sein,
weil unser Selbst immer in Veränderung begriffen ist

uns selbst zu finden kann schwierig sein,
wenn wir uns selbst nicht heilen

wir sollten uns darauf konzentrieren,
uns selbst zu befreien von der Last vergangener
Schmerzen und Muster, die unserem Glück im Weg stehen

wenn wir unser Sein läutern,
wenn wir die Schwere in unserem Inneren ablegen,
dann wird sich alles in uns aufklären
und wir werden wissen, was zu tun ist

unsere Ziele gewinnen an Kontur,
wenn wir die dichten Nebel unseres Egos,
die unser Bewusstsein trüben, verscheuchen

Abhängigkeiten liegen immer
direkt vor unseren Augen; unser Geist
denkt vielleicht, dass er klar sieht,
doch seine Wahrnehmungen sind verzerrt.

nur wenn wir unser Ego zurückstellen,
können wir klar sehen. je weniger Platz
das »ich« einnimmt, desto mehr Raum
gibt es für Klugheit.

wenn du etwas erschaffen hast,
dann beobachte dessen Entwicklung
ohne Angst und Kontrollsucht

erschaffe es, und lasse es los

überlass es der Welt und lass es sein

wenn du dich wegen der Ergebnisse stresst
und deswegen negative Energien ausstrahlst,
dann behinderst du damit deine eigene Arbeit

dein Wachstum beweist dir,
dass wahre Veränderung möglich ist

selbst in Menschen, die viel Leid auslösen,
steckt dieses dynamische Potenzial

manche verändern sich schneller als andere,
doch die Wahrheit bleibt bestehen

mit der richtigen Motivation
kann jeder zu einer
besseren Version seiner selbst werden

dein zukünftiges Ich wird dir dafür danken,
dass du auf deine Intuition hörst, dass du Grenzen
ziehst, die dein inneres Wachstum fördern, dass du
Nein sagst zu Dingen, die nicht mit deinen Werten
übereinstimmen, dass du dir die Zeit nimmst,
dich selbst zu erkennen, und dafür, dass du
deiner Vision treu bleibst.

es ist wichtig,
dich selbst zu verstehen

doch Heilung ist
kein rationaler Prozess

sondern Fühlen
ohne Verdrängung

wie wir handeln, wird durch die unterbewussten
Muster beeinflusst, die unsere Wahrnehmung
der Wirklichkeit kontrollieren

wie wir fühlen, wird durch unsere emotionale
Vergangenheit beeinflusst – dunkle Gefühle,
die sich in der Gegenwart wiederholen

was wir sehen, kann nur objektiv und klar sein,
wenn wir das, was still in uns wartet, erkennen,
akzeptieren und loslassen

wenn wir hinauswachsen über unsere Vergangenheit
und lernen, bewusst zu leben und bessere Lebensweisen
zu entwickeln, dann öffnen sich in unserem Leben
neue Türen.

wenn wir unzufrieden sind, nachdem wir es gewagt haben, loszulassen, dann liegt das nicht immer an einem bestimmten traumatischen Ereignis. oft machen ganz alltägliche Situationen einen besonders starken Eindruck auf uns. im Bewusstsein bleiben Eifersucht, Wut, Zweifel und ein geringes Selbstwertgefühl nur kurz, doch im Unterbewusstsein häufen diese Gefühle sich an und werden früher oder später auch wieder hochkommen.

in unsicheren und turbulenten Zeiten wird
Folgendes dir das Leben leichter machen:

Entschlossenheit
der Wille, zu wachsen
die Geduld, auf deine Intuition zu hören
die Fähigkeit, dich an den Wandel der Zeit anzupassen
das Wissen darüber, wie du deine innere Ruhe findest
die Kenntnis deiner Werte und
die Fähigkeit, ihnen treu zu bleiben

Erfolg im Leben hat man mit
zwei Worten: »Ja« und »Nein«

trau dich, nur dann »Ja« zu sagen,
wenn es sich richtig anfühlt

und »Nein« zu den alten Mustern,
die dich nicht weiterbringen

wenn dein Verhalten
sich verändert
und deine Gefühle
sich verschieben

brauchen deine Gedanken vielleicht
etwas Zeit, um mit dir Schritt zu halten

wenn du dich darauf konzentrierst, dein reiferes, geduldigeres »Du«
zu sein, dann werden alte Muster ihre Macht über dich verlieren

deine Gedanken werden sich früher oder später
anpassen und sanfter und wahrer werden

denke nicht, dass du perfekt sein musst,
nachdem du intensiv an dir
gearbeitet hast

es ist schon ein Fortschritt, wenn du eher bewusst
als blind handelst

und wenn du dich nicht dafür verurteilst,
dass du nicht noch mehr aus dir herausgeholt hast

versuche, aus deinen Fehlern
zu lernen und zu wachsen

die Menschheit wird reifer,
weil sich mehr von uns dem Leid entgegensetzen

wir nehmen uns die Zeit,
unsere Vorurteile zu hinterfragen,
wir lieben nicht mehr nach bestimmten Kriterien,
sondern bedingungslos
und erweitern den Horizont
des Möglichen

mehr von uns gehen den Weg der Heilung
und machen die Welt zu einem besseren Ort

ein Mensch ist in vielerlei Hinsicht ein Mikrokosmos der Welt. seine Erlebnisse prägen ihn und sammeln sich mit der Zeit in seinem Geist. sie sind ein Abbild der Systeme, die die menschliche Gesellschaft beherrschen. die Reflexe und Verhaltensweisen, die sich im Laufe unseres Lebens wiederholen und verstärken, spiegeln die Trägheit und Starrheit der Gesellschaft als Ganzes wider.

die vielen Abwehrmechanismen, die wir bewusst oder unbewusst entwickelt haben, prägen uns. wie unsere Geister, so leidet auch die Welt an diesen Mustern. Menschen in Machtpositionen haben im Laufe der Geschichte immer dazu geneigt, blind zu handeln und Ängste und Traumata aus der Vergangenheit in die Gegenwart zu holen.

jene, die tief in ihr Inneres geblickt haben, wissen, dass es Zeit und Selbsterkenntnis braucht, um mit der Vergangenheit zu brechen. nur die Wiederholung von positiven und stärkenden Verhaltensweisen kann gegen den Fluss des Unwissens und der Angst ankommen. durch aktive, selbstbewusste Handlungsweisen können wir alte Muster, die unserem Wachstum im Weg stehen, durchbrechen. dies ist auch ein gemeinschaftlicher Prozess. die Menschen müssen gemeinsam denken und fühlen, bevor sie sich gegen die Systeme des Leids wehren können.

wenn wir uns verändern wollen, dann müssen wir uns selbst lieben und akzeptieren. so entsteht eine Energie, die es uns erlaubt, uns selbst als Ganzes anzunehmen und ein gesünderes Leben zu führen. auch die Menschheit lernt gerade in ganz ähnlicher Weise, mehr Mitgefühl zu zeigen. mehr Menschen erkennen, dass ihre Liebe Grenzen hatte und versuchen, diese zu überwinden.

vor ihrer Heilung werden die meisten Menschen von Begierde und Abneigung geleitet. Begierde und Abneigung haben die Gesellschaft im Laufe der Geschichte zu dem gemacht, was sie heute ist. all dies im Rahmen eines kurzsichtigen, gierigen Wirtschaftssystems, das es uns nicht erlaubt, gut auf diesem Planeten zu leben. wir haben noch nicht gelernt, wie wir gemeinsam und ohne Angst mit unseren Unterschieden umgehen können. und wir versuchen weiterhin, uns gegenseitig zu verändern und zu kontrollieren. wir müssen lernen, langfristig zu denken.

wir müssen lernen, mehr Mitgefühl zu zeigen und uns weniger von Begierde und Unlust leiten lassen. wir müssen uns direkt mit den Systemen und Ideologien des Leids auseinandersetzen, die unsere Welt beherrschen. unsere Aufgabe als Menschen im 21. Jahrhundert ist es, die Komplexität unserer Erfahrung als Individuen und als Menschheit anzuerkennen. wenn wir uns selbst akzeptieren und für uns selbst und andere da sind, dann werden wir die Welt zu einem besseren Ort machen, an dem alle sicher sind und sich entfalten können.

Menschen, die an ihrer Heilung arbeiten,
Liebe im Herzen haben und sich selbst erkennen;
diejenigen, die ihre Reaktionen beherrschen und aktiv
versuchen, ihre Muster und Vorurteile abzulegen;
sie alle helfen dabei, die Welt zu einem besseren
Ort zu machen. dein Mitgefühl verändert die Welt.

vielleicht fragst du dich, was zuerst kommt: die innere Arbeit oder der Wille, die Welt zu verbessern? die Antwort ist: beides ist gleichzeitig möglich. wir alle machen Fehler und denken nicht immer klar. unsere innere Arbeit ist eine lebenslange Reise, und wir sollten nicht warten, bis unsere Heilung »fertig« ist, bevor wir anderen helfen. gewöhne dich an deine neuen Routinen, heile dich selbst und kämpfe gleichzeitig gegen Unterdrückung in der Gesellschaft. Widerstand gegen Unterdrückung ist aktives Mitgefühl.

unsere innere Arbeit kann die Welt verbessern: beides hängt zusammen und verstärkt sich gegenseitig. unsere innere Arbeit hilft uns, über unsere Erfahrungen hinaus zu gehen und so weniger zwischenmenschliches Leid zu erzeugen. durch die äußere Arbeit gemeinsamen Handelns wird das Mitgefühl systemisch. so können wir eine Welt erschaffen, in der alle Menschen sich sicher fühlen und ihre materiellen Bedürfnisse stillen können, ohne dass andere direkt oder indirekt darunter leiden. die Erde braucht Selbsterkenntnis und gemeinschaftliches Handeln, um zu heilen.

echte Kommunikation ist, wenn wir uns weniger
projizieren und willens sind, einander selbstlos
zuzuhören. dafür müssen wir tief in uns gehen,
aktiv an der Heilung unserer Schmerzen und
Traumata arbeiten und lernen, unsere Muster zu
erkennen. je besser wir uns selbst verstehen,
desto eher verstehen wir auch die Menschen
um uns. jede Bewegung beruht auf Kommunikation,
denn durch sie bündeln wir unsere Kraft und lernen,
am selben Strang zu ziehen.

drei Quellen von Schmerz:

Abhängigkeiten

Erwartungen

Vorurteile

drei Quellen von Heilung:

Mitgefühl

Hingabe

Beobachtung

wenn du dich selbst kennst,
wirst du versuchen,
die Gesellschaft zu verstehen

die direkten und indirekten Botschaften,
die du in deiner Kindheit verinnerlicht hast,
versickern unbemerkt in deinem Geist
und prägen von dort aus
deine Gedanken

ohne es zu bemerken,
entwickelst du Vorurteile

ohne kritische Selbstbefragung
wird die Vergangenheit in deinem Denken Wurzeln schlagen

ohne Bewusstsein und Liebe
gibt es kein Mitgefühl

es ist an uns, den Wert des menschlichen Lebens zu verwirklichen und die Gesellschaft so zu verändern, dass wir uns in der Gestaltung unserer Gemeinschaften, Institutionen und Nationen von Mitgefühl leiten lassen.

unsere Welt ist in zwei Extreme auseinandergefallen. Gier, Wettbewerb, Individualismus und kurzsichtige Entscheidungen haben eine Welt des Überschusses für wenige, und eine Welt des täglichen Kampfes für die Mehrheit erschaffen. wir haben das Gleichgewicht verloren. die Systeme, in denen wir leben, prallen aufeinander und erzeugen direkt und indirekt viel Leid. wir haben noch nicht gelernt, wie wir gemeinsam erfolgreich und gut leben können, ohne dabei den Planeten zu zerstören.

glücklicherweise wird die Menschheit mit jedem Tag reifer. wir sind jung und wollen wachsen und die Welt verändern. *nur durch uns kann das Mitgefühl die Gesellschaft durchdringen*. wir brauchen eine offene Gesellschaft, in der Menschen nicht aufgrund ihres Andersseins zurückgelassen werden und in der alle wertgeschätzt werden und wachsen können.

die derzeitige Weltlage ist eindeutig verbesserungsfähig. für ein besseres Morgen müssen wir die Komplexität von Heute begreifen. je tiefer unser Verständnis, desto klarer unser Handeln. wir müssen uns mit der Geschichte abfinden; ihr ins Auge blicken, ohne uns abzuwenden. wir müssen erforschen, wo die Geschichte in der Gegenwart ihren Schatten der Unterdrückung wirft. wenn wir die Wirklichkeit menschlicher Erfahrung anerkennen, dann versetzen wir uns selbst in die Lage, die Strukturen, die dem Gemeinwohl entgegenstehen, zu verändern.

rassistische und heteropatriarchale Kräfte gibt es auf zwischenmenschlicher und struktureller Ebene. sie beeinflussen unsere Institutionen und lassen unser Mitgefühl schleichend abstumpfen. wir müssen das derzeitige Wirtschaftssystem hinterfragen und eine breitere Verteilung des materiellen Wohlstands fördern. keines unserer Systeme ist ewig; nichts ist ewig. Hunger, Armut, mangelnder Zugang zu Schulbildung und Medizin sind strukturelle Probleme, die wir überwinden können – es ist nicht unmöglich, Menschen aus der Armut zu holen und den Lebensstandard zu erhöhen; es ist nur eine Frage des Willens. wir als Gemeinschaft haben den Wohlstand und das Wissen, das zu erreichen. was uns fehlt, ist ein Mitgefühl, das keine Grenzen kennt. die Gesellschaft wird nie perfekt sein, aber das sollte uns nicht davon abhalten, unsere gemeinsame Wirklichkeit menschlicher gestalten zu wollen. wenn wir uns vornehmen, das Leid zu beenden und uns gegenseitig zu helfen, dann wird das am Ende für uns alle von Vorteil sein.

unsere Aufgabe ist es, als Gemeinschaft zu denken und zu handeln und gleichzeitig unsere individuelle Freiheit zu vergrößern; alle Menschen immer gleich menschlich zu behandeln; anzuerkennen, dass auch das wirtschaftliche Empowerment ein Menschenrecht ist; zu träumen und Großes erreichen zu wollen; die Vorbilder zu sein, die wir gerne hätten.

wir können die Welt verändern und mehr Mitgefühl in die Gesellschaft bringen.

stell dir eine Welt vor, in der die Gesellschaft
sich von Liebe leiten lässt

Menschen wären nicht mehr hungrig oder gefährdet
Körper würden sich sicher fühlen und die Geister erfüllt
Stimmen würden erhört und Unterschiede respektiert

Streitigkeiten könnten ohne Gewalt
und Terror beigelegt werden
jeder Mensch hätte Zugang
zu den Dingen, die er braucht, um zu wachsen

teilen
zuhören
ehrlich sein
einander nicht verletzen
freundlich zueinander sein
hinter uns aufräumen

was wir als Kinder gelernt haben,
sollte auch von Erwachsenen beherzigt
und zu einer neuen globalen Kultur werden

begegne allen Menschen mit echtem Mitgefühl. lebe bewusst und voller Güte. sorge mit deinen Taten und Worten für Frieden. sei großzügig und gut. lass andere an der Fülle eines Herzens, das sich dem Guten verschrieben hat, teilhaben. dies sind die Wunder des menschlichen Geistes: Taten, die geheilten Herzen am leichtesten fallen. wenn wir so leben, dann kann unser Geist seinen inneren Frieden finden und wir erschaffen sichere Räume in einer turbulenten Welt. wer so handelt, wird vielen helfen und reichlich belohnt werden.

wer anderen kein Leid zufügt,
wird seinen inneren Frieden finden

lass diese Wahrheit deinen Geist erfüllen
und erinnere dich in schwierigen Phasen daran

wenn du denkst,
dass Rache dein Herz beruhigt
oder deine Schmerzen tilgt

erinnere dich

wenn du denkst,
dass du das Feuer, das in dir brennt, löschen kannst,
indem du deine innere Unruhe überall verbreitest

erinnere dich

wenn du denkst,
dass du dein Leid rächen kannst,
indem du jemand anderem das Leben schwer machst

erinnere dich

wer anderen kein Leid zufügt,
wird seinen inneren Frieden finden

lass diese Wahrheit deinen Geist erfüllen
und erinnere dich in schwierigen Phasen daran

sending love to all

Wir verpflichten uns zu Nachhaltigkeit

- Klimaneutrales Produkt
- Papiere aus nachhaltiger Waldwirtschaft und anderen kontrollierten Quellen
- ullstein.de/nachhaltigkeit

Die Originalausgabe erschien 2021
unter dem Titel *Clarity & Connection*
bei Andrews McMeel Publishing, Kansas City.

MIX
Papier
FSC FSC® C083411

Allegria ist ein Verlag der Ullstein Buchverlage GmbH

ISBN 978-3-7934-2444-4

Gesetzt aus der Times
Satz: LVD GmbH, Berlin
Druck und Bindearbeiten: CPI books GmbH, Leck
www.ullstein.de